Sammlung Luchterhand 693

Über dieses Buch: Für Kurt Marti war das Pfarramt kein Broterwerb und Schreiben keine Nebentätigkeit. Aus seiner theologischen Erfahrung heraus sind seit den sechziger Jahren eine große Anzahl von Aufsätzen entstanden. Kurt Marti setzte sich mit den menschlichen Grunderfahrungen, Liebe, Tod auseinander, er formuliert seine moralisch rigorose Haltung zu politischen und sozialen Zeitfragen und erläutert seine Auffassung von Bibelpassagen – das Markus-Evangelium hat er Wort für Wort ausgelegt. Er nahm Stellung zu religiösen Streitfragen, wie Gott vorzustellen sei und was unter dem Begriff Glauben verstanden werden müßte. Eine Auswahl dieser Arbeiten, ein bewußt als Querschnitt durch sein religiöses Werk angelegter Band erscheint nun in der Sammlung Luchterhand.

Über den Autor: Kurt Marti wurde 1921 in Bern geboren; nach der Matura zwei Semester Rechtsstudium, dann Theologiestudium in Bern und Basel (Karl Barth). Im Dienste des Ökumenischen Rates ein Jahr im Nachkriegsparis. Pfarrer in Leimiswil, Niederlenz, und bis 1983 an der Nydeggkirche in Bern. 1982 wurde er mit dem »Buchpreis des Deutschen Verbandes Evangelischer Büchereihen« ausgezeichnet.

Kurt Marti

Der Gottesplanet

Predigten und Aufsätze

Luchterhand Literaturverlag

Sammlung Luchterhand, September 1988
Lektorat: Klaus Siblewski

Für die einzelnen Beiträge siehe Quellenverzeichnis am Schluß des Bandes. Umschlagentwurf: Max Bartholl. Umschlagabbildung: Hieronymus Bosch, Erschaffung der Welt, Archiv für Kunst und Geschichte, Berlin.
Satz und Druck: Wagner GmbH, Nördlingen. Printed in Germany.
ISBN 3-630-61693-3

Inhalt

und kreist die erde
das große Versprechen
phantastisch und schön
als Gottesgestirn noch immer
im all

Nachdenken über Jahwe

»Als Jahwe Gott Erde und Himmel machte...«
1. Mose 2,4b

Niemand vermag genau oder endgültig zu sagen, woher dieser erratische Name stammt, was er allenfalls bedeutet: Jahwe. Enthält er vielleicht die arabische Wurzel »hwj« = »leidenschaftlich sein«? Jahwe hieße dann soviel wie »der Leidenschaftliche«, »der leidenschaftlich Liebende«. Und das tönte von Anfang an gleich sehr anders als das spätere Ersatzwort »Herr« (hebräisch »Adonai«), das die nachexilischen Juden aus Ehrfurcht vor dem heiligen Eigennamen anstelle von »Jahwe« zu lesen und zu gebrauchen begannen, worauf dann auch die griechischen, lateinischen und alle weiteren Bibelübersetzungen den Namen (»Jahwe«) mit dem Begriff (»Herr«) wiedergaben. Möglicherweise ist das Aufkommen der »Herr«-Prädikation früher schon vorbereitet worden durch die Verdrängung einer älteren Überlieferung, wonach Jahwe der vom Sinai her Kommende ist, durch die in Kanaan gängige Verehrung eines im Himmel thronenden Monarchengotts (Himmelskönig). Ursprünglich jedenfalls bedeutete »Jahwe« überhaupt nicht »Herr«, war auch kein Begriff, vielmehr eben ein Eigenname ohne hierarchische Legitimation. Außerdem ist der Name nicht hebräischen Ursprungs, sein Träger darum kein Stammesgott – zum Volks- oder Nationalgott eignet er sich schon erst recht nicht. In manchen seiner Überlieferungen hat das Judentum ein Gespür für die fremde, geheimnisvolle Dimension des Namens bewahrt. »Der Name« konnte deshalb zu einem Synonym für Gott werden.

Jahwe ist Gott, der nicht aus dem Eigenen, der vielmehr von außen her kommt, ein Fremdling par excellence. Auch erscheint er ohne ein Geleit dienstbarer Dämonen oder Engel. Ein solches wird ihm erst später zugeschrieben, nachdem die soziomorphe Stilisierung zum hofhaltenden Himmels- und Weltmonarchen vollzogen war. Anfänglich aber erscheint er vom Sinai her fast wie ein steppenwölfischer Einzelgänger. Sein fremder Name widersetzt sich aller magischen Bemächtigungsversuche. Jahwe kann und will nicht beschworen werden. Auch dadurch steht er quer zu den damaligen Kulten. Die Namensdeutung in 2. Mose 3,14 (»Ich bin, der ich bin« = »ich werde da sein als der ich da sein werde« oder »ich werde sein als der ich mich erweisen werde«) hebt Jahwes Selbstverfügung und Freiheit hervor, verknüpft sie aber zugleich mit dem Versprechen seiner unbedingten Verläßlichkeit (2. Mose 3,12: »Ich werde mit dir sein«). Darin spricht sich unter anderem die Erkenntnis aus, daß der wirklich Freie auch der wirklich Verläßliche, der nicht Einzuordnende der Bewirker einer neuen Ordnung ist.

Verglichen mit dem Eigennamen »Jahwe« ist »Herr« natürlich das universellere Wort. Seine Universalität spiegelt diejenige des Herr-Knecht-Verhältnisses in den damaligen Gesellschaften. Im Exodus-Geschehen jedoch agitiert und agiert Jahwe just gegen diese Herrschaftsstruktur. Dennoch hat sich die Herr-Knecht-Terminologie des Jahwe-Namens und damit auch der Jahwe-Vorstellung bemächtigen können. Jedenfalls ist die Gottesprädikation »Herr« für die Weltreligionen vorderasiatischer Herkunft dominant geworden (im Unterschied zu den Weltreligionen ostasiatischen Ursprungs). Sind damit die aggressiven Herrschaftsansprüche vor allem des Christentums, zeitweilig auch des Islams, vielleicht in einen Zusammenhang zu bringen?

Hier ist ein Hinweis auf die Redeweise Jesu am Platz. Zeitgenossen und auch den vier Evangelisten ist aufgefallen, daß er vom »Vater«, kaum jedoch vom »Herrn« gesprochen hat. Die Exegeten sind sich einig, daß er dadurch nicht das Patriarchat theologisch hat überhöhen wollen. Vielmehr scheint es seine – heute würde man sagen: seelsorgerliche – Absicht gewesen zu sein, ein Flair von Zutraulichkeit, von unzeremonieller Familiarität in die Gottesbeziehung und in das Gebet zu bringen. Jesus selber ist freilich – vollends nach Ostern – von seinen Anhängern immer mehr »Herr« genannt worden, was anfänglich stets auch in Opposition gegen etablierte Welt-Herren geschehen ist. Nach der Übernahme der Staatsmacht durch das Christentum ist die Stellung des Christus Jesus und seines Vaters alsbald aber mit der sozialen und staatlichen Hierarchie harmonisiert worden: fortan galt der irdische Imperator als Abbild des göttlichen Imperators. Tatsächlich war es wohl umgekehrt: die Gottesvorstellung hatte sich – einmal mehr – dem geltenden Herrscherbild angepaßt. Der »Herr« triumphiert über den »Vater«, der zwar nicht verschwand, jedoch wieder in den patriarchalischen Herrscher zurückverwandelt wurde. So könnte man von einer immer neuen Gefangenschaft und Passion des Namens Gottes sprechen. Herrscher und Herrscherklassen legten ihre Hand auf ihn, formten aus dem Un-Herrn (»Jahwe«, »Vater«) wieder einen Herrn und Herrscher nach eigenem Bilde, zur Legitimation ihrer eigenen Macht. Politische Ordnungsmächte versuchen immer wieder, den nicht Einzuordnenden im Sinne einer Staatsmetaphysik zu integrieren. Deshalb tendierten sie seinerzeit auch zu einer Begünstigung der arianischen Christologie, die das Verhältnis Gott/Christus als eines der hierarchischen Unterordnung interpretierte. Hiergegen ist dann aber die Dreieinigkeitslehre von der kommunitären, ja partnerschaftlichen Gemeinschaft des Vaters, des Sohnes und des Heiligen Geistes entwickelt worden. Daß sich die Trinitätslehre hat durchsetzen können, ist verwunderlich, für Max Geiger widerlegt ihr Sieg sogar die marxistische Geschichtsdeutung: »Würde in jedem Fall das gesellschaftliche Sein das entsprechende Bewußtsein (z. B. die kirchlichen Glaubensinhalte) aus sich herausbringen, dann hätte sich im 4. Jahrhundert der Arianismus durchsetzen müssen. Er entsprach den Bedürfnissen und Erwartungen der Herrschenden weit besser als eine Trinitätstheologie...« So scheint der nicht einzuordnende Name sowohl monarchischen wie marxistischen Bemächtigungsversuchen sich entziehen zu können. Auf die Dauer gelingt es nicht, Gottes Herr zu werden, und insofern ist das Gottesprädikat »Herr« als Gegenbegriff zu Welt-, Staats- oder auch Kirchen-Herren dann doch wieder sinnvoll, aber eben nur auf vertrackt dialektische Weise.

Doch zurück zum Ausgangspunkt, zum Namen »Jahwe«, der vielleicht »der leidenschaftlich Liebende«, nicht aber »Herr« oder »König« bedeutet und darum keinen Welt- oder Himmelsmonarchen, von seiner Sinai- und Wüstenherkunft her eher schon einen freien Nomaden bezeichnet, der sich nicht verfügbar machen läßt.

Zwar hat Jahwe eine irdische, geographisch ungefähr bestimmbare Herkunft (den Sinai), an die er aber – im Unterschied zu anderen Berg- und Lokalgottheiten jener Region und Zeit – nicht gebunden bleibt.

Zu der örtlichen kommt eine funktionale Ungebunden-

heit: Jahwe ist kein »Spezialist«, zuständig nur für ein bestimmtes »Ressort« der Realität. Er erscheint, obgleich vom Sinai her, nicht als ein Berg- oder Wüstengott, sondern, wie bald ersichtlich, ebenso als ein Gott, der sich leidenschaftlich – wie sein Name möglicherweise besagt – um soziale und politische Verhältnisse kümmert. So überspielt er von Anfang an die Trennung von Natur und Geschichte. Über Macht- und Zuständigkeitsbereiche setzt er sich – auch darin »nomadisch frei«! – stets wieder hinweg, mischt sich ein, wo und wann er es für nötig oder für richtig hält, alles andere als ein metaphysischer Garant gegebener Ordnungen. Die Einmischungen, mit denen er in die Geschichte eintritt, haben eher subversiven Charakter.

Als Moses und Aaron vor den Pharao traten mit dem Begehren: »So spricht Jahwe, der Gott Israels: Laß mein Volk ziehen, daß es mir in der Wüste ein Fest feiere«, erwidert der ägyptische Herrscher: »Wer ist Jahwe, daß ich ihm gehorchen und Israel ziehen lassen müßte? Ich weiß nichts von Jahwe und ich werde Israel nicht ziehen lassen.« (2. Mose 5,1/2)

Für den Pharao ist Jahwe ein Unbekannter, der keine bestehende Ordnung oder Hierarchie irgendeines selbständigen Stammes, Volkes oder Staates repräsentiert. Sklaven konnten keine eigenen Götter haben, sie hatten den Göttern ihrer Herrscher zu dienen. Etwas anderes, also der Kult eigener Sklavengötter, wäre bereits die Artikulation eines emanzipatorischen Bewußtseins gewesen und damit ein sozialer Sprengsatz mitten im Gefüge der sklavenhaltenden Gesellschaft. Begreiflich, daß der Pharao vom Jahwe seiner Sklaven nichts wissen wollte. Dieser aber bricht dennoch ein in die Tradition des religiös-politischen

Komplexes, wo politische und Götter-Macht einander durchdringen und gegenseitig stützen. Jahwe macht die Sache hebräischer Sklaven in Ägypten zu seiner eigenen: der erste Gott, der sich mit Sklaven und Arbeitern anstatt, wie bisher üblich, mit Fürsten und Priestern verbündet!

Auch später, als Israel in Kanaan eigene Gesellschaftsstrukturen, schließlich eigene Monarchien entwickelt hatte, geht Jahwe zur politisch-religiösen Hierarchie immer wieder auf Distanz, identifiziert sich nie endgültig mit ihr. Durch die Propheten agiert und agitiert er stets von neuem unbestechlich und subversiv gegen die Arroganz der Mächtigen und der Satten. Das einzigartige Phänomen der kritischen Prophetie in Israel wurzelt in der für die antike Welt absolut neuen Erfahrung, daß da ein Gott ist, der einen Pharao von seinen Sklaven, Herrschende von den Beherrschten, Reiche von den Armen her herausfordert, ein Un-Herr und Wider-Herr durchaus!

Ungenügend ist es, Jahwe – etwa in Abhebung vom »Elohim«-Begriff – als Geschichtsgott definieren zu wollen (Elohim wäre dann eher der Natur- und Schöpfungsgott). Der Terminus »Geschichtsgott« ist allzu zwielichtig. Jahwe ist kein Geschichtslenker, der für die Untaten der Mächtigen und die Leiden der Machtlosen, für grausame Triumphe hier und vermeidbare Katastrophen dort verantwortlich zeichnet. Sowenig er ein Garant von Machtgefügen ist, so wenig ist er mit bestimmten Geschichtsverläufen zu identifizieren, die hinterher, meist von den Siegern, als notwendig bezeichnet werden. Geschichte, sagt Elias Canetti, wirkt immer, »als ob sie fürs Stärkere wäre, nämlich fürs wirklich Geschehene: es hätte nichts ungeschehen bleiben können, es mußte geschehen«. Dieses nachträgliche »es mußte geschehen« (der Sieger!) auch theologisch noch durch die Behauptung eines Geschichtsgottes absegnen zu wollen, würde just jene verraten, um deretwillen Jahwe sich seit seiner Intervention im pharaonischen Ägypten stets wieder eingemischt hat, nämlich die Sklaven, die Unterdrückten und sozial Deklassierten, die Armen und Rechtlosen, d. h. die jeweiligen Opfer der Erfolgreichen und Mächtigen. Nein, der Verlauf der Geschichte insgesamt wird von den biblischen Zeugnissen niemals mit dem Handeln Gottes grundsätzlich in eins gesetzt. Geschichte ist keine Verhängung, schon gar nicht ein Diktat Jahwes. Insofern gibt es keinen von ihm determinierten Geschichtsverlauf. Wer ist dann aber das Subjekt der Geschichte? Zu behaupten, es sei »der Mensch«, wäre zynisch. Der größere Teil der Menschen ist bis heute Objekt und »Material« der Geschichte geblieben. Sind also Hegemonialmächte und soziale Oberschichten dieses Subjekt? Das wäre schon realistischer gedacht. Doch just gegen diese Hegemonialmächte und -schichten mischt Jahwe sich ein, bewirkt er Veränderungen, Umstürze, Demütigungen, Rettungen. Dies aber dennoch nicht, um sich selber zum alleinigen Subjekt der Geschichte zu machen. Seine Einmischungen sind vielmehr »Zeichen«. Nach biblischem Verständnis sind Zeichen Kommunikationssignale (ursprünglich wohl Feuer- und Rauchsignale). Diese Signale teilen etwas mit, sie »reden«, sie rufen an und rufen die Angeredeten – sofern diese nicht »verstockt« bleiben wie z. B. der Pharao – zum eigenen Reagieren und Handeln auf.

Was für ein Handeln wollen die zeichenhaften Einmischungen Jahwes in Gang bringen? Ein Handeln, durch welches die Geschichte von unten, von den zu Objekten erniedrigten Klassen, Völkern, Menschen her neu lanciert wird. Jede Einmischung Jahwes zielt auf eine andere Geschichte als die bisherige, deren Verhängnis- und Vernichtungscharakter in ihren Unterdrückungsmechanismen offenkundig wird, die wenige zum Subjekt, viele jedoch zum Objekt des Geschehens machen. Die Degradierung zum Objekt und Material negiert die Lebendigkeit des Menschen, ist insgeheim bereits die Einwilligung in seine Vernichtung. Leichenhaufen, Massengräber markieren deshalb immer wieder den sogenannten historischen Prozeß, der die einen über die andern triumphieren läßt und in dieser fatalen Eigengesetzlichkeit seinem Ende, der Selbstvernichtung, zutreibt. Dagegen jedoch signalisieren Jahwes Einmischungen eine andere Geschichte als die bisherige, die nicht mehr durch den Gegensatz »Subjekte hier – Objekte dort« bestimmt ist, in der die Herrschaft und Verfügungsmacht von Menschen über andere Menschen also ein Ende hat. Später ist diese andere Geschichte der neue Äon, die andere Weltzeit genannt und als ihr Promotor der Messias (Christus) geglaubt worden.

Aber auch diese andere Geschichte, auf die Jahwes Einmischungen hinweisen und hinwirken, hat kein ausschließliches Subjekt. Vielmehr hat sie mindestens zwei Subjekte, nämlich Jahwe *und* die Menschen, *alle* Menschen dann aber! Das nämlich sind Jahwes Einmischungen in die Geschichte allemal: Versuche, ein Zwiegespräch in Gang zu bringen. Bisherige Geschichte dokumentiert das immer neue Mißlingen dieses Dialogs; die »andere Geschichte« – das wäre sein Gelingen! Darauf gehen Jahwes Einmischungen aus. Er will sich der Geschichte nicht bemächtigen, er will sie *zusammen* mit den Menschen gelingen lassen. Unter Geschichte versteht die Bibel, nach Martin Buber, »ein Zwiegespräch, in dem der Mensch, das Volk angeredet wird und versagt und im Versagen doch immer wieder sich erhebt und zu antworten sucht; die Geschichte der Enttäuschungen Gottes, aber eine Geschichte der Enttäuschungen, die ein Weg ist, so daß von Enttäuschung zu Enttäuschung, über sie alle hin der Weg, der Weg des Volkes, der Weg des Menschen, ja, der Weg Gottes durch die Menschheit führt«.

Von den Erfahrungen her, die Israel mit diesem sich einmischenden, immer neu das Gespräch suchenden Jahwe im Verlauf seiner Geschichte gemacht hat, blickt es in den beiden alttestamentlichen Schöpfungsmythen zurück zum Ursprung der Welt und behauptet, die Welt insgesamt verdanke ihr Dasein diesem Jahwe, der vom Sinai her kam. Er habe die Welt und in sie hinein den Menschen geschaffen als seinen Gesprächspartner.

Widerspruch für Gott und Menschen

Der Gott der Bibel ist nicht Allmacht; er ist, wie Kornelis H. Miskotte einmal formuliert hat, »dialogisches Mysterium«. Wäre Gott Allmacht, so müßte der Glaube ausschließlich und abschließend als Gehorsam definiert werden. Nun kann Glaube zwar auch Gehorsam sein, aber damit ist er weder ausschließlich noch abschließend definiert. Das Wort »Gehorsam«, auch im Sinne von Glaubensgehorsam, ist zudem durch jahrhundertelangen Mißbrauch im Dienste kirchlicher und politischer Herrschaft dermaßen korrumpiert worden, daß man im Umgang mit ihm nicht vorsichtig genug sein kann.

Aber auch von den biblischen Zeugnissen her wäre es eine »terrible simplification«, Glauben auf Gehorsam reduzieren zu wollen. Gott hat den Menschen nicht als seinen Befehlsempfänger, nicht als Kopfnicker und Ja-Sager geschaffen, sondern nach seinem Bild, als sein Gegenüber, das heißt als seinen irdischen Partner.

Heute darf man es vielleicht so formulieren: Inmitten des schweigenden Alls schuf sich Gott auf dem kleinen Planeten Erde Geschöpfe, die gesprächsfähig sind.

Von Hölderlin stammt der Satz: »Ein Gespräch sind wir …« Das heißt: Gespräch ist nicht nur eine unter anderen Äußerungen der menschlichen Existenz, sondern diese selbst *ist* Gespräch. Wir leben, weil Gott mit uns spricht und durch sein Sprechen uns selber zum Sprechen bringt. Gottes Gesprächslust und Gesprächswille (wofür die Dreieinigkeit ein unübertreffliches Bild ist) schafft uns als das, was wir sind – als Menschen.

»Ein Gespräch *sind* wir …« – mit Gott, mit unseresgleichen. Gespräch heißt: Reden, Hören, Antworten. Es heißt auch: Schweigen. Noch im Schweigen *sind* wir Gespräch. In einer Zeit, wo das Gespräch, nicht zuletzt in der Kirche, zum pausenlosen Geschwätz zu verkommen droht, gewinnt die alte Einsicht der Mystik, wonach Schweigen ein qualifiziertes Element des Gesprächs mit Gott, mit der Welt ist, neue Bedeutung.

Gespräch heißt aber auch: Rede und Gegenrede, Sprechen und Widersprechen.

Die Wunder und Schrecken der menschlichen Existenz gründen in der Tatsache, daß Gott, »das dialogische Mysterium«, uns als Gespräch, das heißt fähig auch zu Gegenrede und Widerspruch, geschaffen hat. Inmitten der unerbittlichen Gesetzmäßigkeiten des Kosmos sind wir Bewohner des Erdplaneten mit der Fähigkeit zum Widersprechen begabt. Widersprechenkönnen scheint ein spezifisches Humanum zu sein. Daß der Mensch Gott, daß er seinen Mitmenschen, seiner Umwelt, sogar sich selber widersprechen kann, macht seine unvergleichliche, allerdings auch unvergleichlich gefährliche Freiheit aus. Zu mißtrauen ist allen, die die Widersprüchlichkeit der Welt und unseres Lebens beklagen. Was ist mit Leuten, die nicht einmal sich selber widersprechen, in sich selber widersprüchlich sein können? Sind nicht *sie* die in Wahrheit »eindimensionalen« Menschen? Ich mißtraue auch Büchern oder Gedankensystemen, die widerspruchsfrei sein wollen. Um so mehr liebe ich die Bibel, weil sie ein Buch mit Widersprüchen ist. Für mich heißt das: sie ist ein Buch voller Leben.

Aufs Ganze gesehen dominiert in den biblischen Schriften das Gespräch mit Gott, das oft (und nicht nur bei Hiob) den Charakter eines Streitgesprächs annimmt. Man könnte biblisch geradezu definieren: Wir, das heißt wir

Menschen, *sind* ein Streitgespräch – mit Gott, deshalb auch miteinander.

Lese ich dagegen im Koran, so tritt mir ein ganz anderes Gottes- und Menschenverständnis entgegen. Hier wird vor allem dekretiert im Namen eines Gottes, der als Macht und Allmacht verstanden und geglaubt wird. Der Stil dieses Dekretierens hat etwas geschichtslos Abschließendes, Endgültiges. Es sind Befehle, Weisungen, die keine Widerrede zulassen, keinen Gesprächsprozeß in Gang bringen. Gewiß kennt die Bibel ebenfalls diesen Dekretstil, man denke an die Gebote. Aber die Gebote sind in Geschichte eingebettet, und ein Wesenszug biblischer Geschichte und ihrer Geschichten ist das Gespräch mit Gott, mit Mitmenschen über die je aktuelle Verwirklichung der Gebote. Sowohl die jüdisch-rabbinische Tradition wie erst recht Jesus nehmen sich die Freiheit heraus, frühere Gebote beiseite zu schieben, Prioritäten zu setzen (»Welches ist das größte Gebot?«), über Prioritäten zu streiten und so das Gespräch mit Gott, mit der Welt weiterzuführen, weiterzutreiben. Hierbei zeigt sich immer neu die Produktivität des Widerspruchs. Die Widersprecher, die Ketzer von gestern, setzen Maßstäbe für morgen. Ihr Widerspruch richtet sich nicht nur gegen religiöse und politische Herrschafts- und Denkformen, er richtet sich wie bei Hiob oder bei Jesus gegen gängige Gottesvorstellungen, Gottesbilder, was alsbald zum Vorwurf der Gotteslästerung führt. Erst hinterher wird deutlich, daß, was Widerspruch gegen Gott zu sein schien, genau das Gegenteil war, nämlich ein Wegräumen von Hindernissen, die das Gespräch mit Gott – also unsere Existenz! – verstellt und blockiert haben.

Der Widerspruch gegen wohlfeile Gottesvorstellungen, gegen nicht mehr lebendige, nicht mehr reflektierte Gottesselbstverständlichkeiten, gegen Gottesbilder, die nur noch gesellschaftserhaltende Funktion haben, öffnet den Weg zu dem Gott, der lebendig, der »dialogisches Mysterium« ist. Die geschwätzige Langweiligkeit so vieler Predigten und Gebete, so vieler Theologie, scheint mir daher zu kommen, daß Gottesklischees reproduziert oder stillschweigend vorausgesetzt werden. Der Kirche fehlen Ketzer, die dem kirchlich und gesellschaftlich längst vereinnahmten, längst domestizierten Gott, an den fast alle ein bißchen »glauben«, ohne aber im Gespräch mit ihm zu sein, widersprechen. Der Theologie fehlt, was allein ihre Existenz rechtfertigt, nämlich der leidenschaftliche Streit um Gott. Kommt vielleicht deshalb die nötige Herausforderung, die unsere Existenz als Gespräch mit Gott wieder neu belebt, heute von außen auf uns zu, in Gestalt des Atheismus, des Buddhismus, des Islam?

Ich stelle mir vor: Verstellt, verdeckt von starren Gottesbildern, von nicht mehr lebendigem Gottesgerümpel, wartet Gott auf unseren Widerspruch, der ihn, den Lebendigen, sucht. Zugeschüttet von Wörtern, Sätzen, Selbstverständlichkeiten hofft Gott auf jenen Widerspruch, der unverschämt und heftig genug ist, um sakrosankte Gottesgötzen beiseite zu schieben, so daß aus Religion, aus Kult, aus Für-wahr-Halten wieder bewegtes, bewegendes Gespräch werden kann.

»Der reformierte Kirchgang, rotweiße Vermessungsstäbe bilden den Gottesbegriff« (Günter Eich). Ich stelle mir vor: Gott wartet darauf, daß wir die Vermessungsstäbe in unseren Köpfen und Herzen ausreißen, die gezogenen Denk- und Wortgrenzen überschreiten (= transzendieren) – auf IHN ZU! Ich stelle mir vor: Gott wartet darauf, daß wir ihn beim Wort nehmen als den Widerspruch, der er ist, gegen die Aushängeschilder, die ökonomische und/ oder politische Herrschaft als »Gott« ausgeben.

»Ich stelle mir vor«: das ist bildliche Redeweise. Oder ist es mehr? Schwer zu sagen. Ich kann keine allgemeine Aussage machen, kann nur feststellen, daß ich meine eigene Existenz als Gespräch und insofern als lebendig erfahre, weil sie immer auch Widerspruch ist: Widerspruch gegen Gott, der für Gott optiert; Widerspruch gegen Menschen, der für diese Menschen optiert; Widerspruch gegen mich selbst, der mich eigenen oder fremden Vorurteilen entreißt, mich darum zu mir selber kommen läßt. Nicht weniger erfahre ich die eigene Existenz als Gespräch und als lebendig, indem Gott mir widerspricht, indem Menschen mir widersprechen. Mir wird widersprochen, also bin ich! Und ebenso: Ich widerspreche, also bist du, also nehme ich dich ernst, bist du für mich lebendig.

Im Bereich Gottes, des dialogischen Mysteriums, gehört zur Zustimmung der Widerspruch; im Widerspruch aber ist die Zustimmung mitgesetzt. Erst wer diesen Zusammenhang zu begreifen beginnt, wird Gespräch, wird lebendig, entwickelt sich, sieht Zukunft vor sich.

»Die Schau des Reiches Gottes ist subversiv« (Ernesto Cardenal). Dieser Satz entspringt der Einsicht, daß Gottes Zustimmung zur Welt zugleich Widerspruch gegen ihre jetzige Verfassung und unsere Zustimmung zu Gott zugleich Widerspruch gegen die Vergöttlichung jetziger Weltzustände ist.

Widerspruch, der zutiefst nicht auf leidenschaftliche Zustimmung aus ist, wäre nihilistisch. Zustimmung, die nicht Widerspruch wachhält, wird Götzendienst an den Mächten und Herrschaftsgewalten der Welt.

Zu lange sind Christen nur Zustimmer gewesen, ist ihnen Zustimmung als Gebot und Pflicht gepredigt worden. Das hat nicht nur die Predigten und kirchlichen Verlautbarungen langweilig und nichts-mehr-sagend werden lassen, das hat auch Gebete, hat das innere und äußere Gespräch ausgetrocknet. Mir will oft scheinen, als sei für manche Zeitgenossen Gott so etwas wie ein heiliges Skelett im Familienschrank, eine ehrwürdige Reliquie traditionellen Denkverhaltens, die weiterhin verehrt wird, obgleich sie leblos ist. Gegen diese Gottesreliquie, die zu jedem persönlichen, politischen, ökonomischen Unfug mißbraucht werden kann, die unser seelisches und soziales Leben mit falschen Normen und Zwängen sogar vergiften kann, ist Widerspruch nicht nur erlaubt, sondern geboten. Theologie und Kirche müßten zu solchem Widerspruch ermutigen, anleiten. Tote Gottesskelette, Gottesreliquien verstellen überall den Zugang zu *dem* Gott, der uns lebendig und frei, der uns als Gespräch geschaffen und mit der Kraft zum Widersprechen ausgestattet hat.

Der Gott, der in allen mächtig werden will

Und einen Tempel sah ich nicht in ihr (= in der endzeitlichen Stadt, dem neuen Jerusalem); denn der Herr, der allmächtige Gott, ist ihr Tempel, und das Lamm. *Offenbarung Johannes 21,22*

Gottes Ziel mit der Welt, mit uns Menschen ist es, »alles in allem« (1. Korinther 15,28) zu werden. Dieses »Gott alles in allem« wird in den zwei letzten Kapiteln der Offenbarung bildhaft dargestellt in der Vision des neuen Jerusalem, d. h. der neuen Schöpfung, »in der Schöpfer und Geschöpf nicht zwei, sondern eins sind« (Karl Barth). Tempel, Kirchen braucht es nicht mehr, »denn der Herr, der *allmächtige* Gott, ist der Tempel«.

Das Eigenschaftswort »allmächtig« wird im biblischen Schrifttum relativ selten auf Gott angewendet, am häufigsten in der Offenbarung des Johannes, wohl in der Absicht, irdisch-politischen Machtansprüchen die radikal andersgeartete Macht Gottes gegenüberzustellen.

»Allmächtig« wird Gott genannt, weil es sein Ziel ist, in unserer Welt zu werden, was er noch nicht ist, nämlich »alles in allem« – oder mit den Worten des lateinamerikanischen Dichtermönchs Ernesto Cardenal: »Gott als Stadt: die Stadt der endgültigen Begegnung eines jeden Menschen mit allen Menschen, die Stadt der Identität und der vollendeten Gemeinschaft ..., eine Stadt ohne Klassen, die Freie Stadt, wo Gott alle ist – Er, Gott, mit allen (Immanuel) – die Stadt, in der wir die Menschlichkeit Gottes erfahren.«

Auf diese Stadt oder Gesellschaft hin setzt Gott alle seine Macht in Bewegung, und insofern wird er »allmächtig« genannt.

Die Macht Gottes ist jedoch nichts anderes als seine Gerechtigkeit, seine Liebe. Macht an und für sich will Gott nicht, dementsprechend hat sich auch Jesus verhalten.

Die Wörter »Allmacht«, »allmächtig«, »der Allmächtige« sind im Lauf der Jahrhunderte zu Projektionen menschlicher, auch kirchlicher Machtansprüche verkommen. Unter dem »Allmächtigen« stellt man sich deshalb oft eine Vervielfachung menschlicher Herrschaftsausübung vor. Resultat ist dann ein göttlicher Superdiktator, dem auf menschlicher Seite unterwürfiger Fatalismus entspricht – wie vielleicht im Islam, der Allah vorrangig als Macht denkt, so daß Elias Canetti, ein Analytiker der Macht, sagen kann: »Es ist eine ungeheure Nacktheit der Herrschaft im Islam.«

Derartige »Nacktheit der Herrschaft« ist dem biblischen Denken fremd. Hier ist Gott nicht einfach derjenige, der alles kann, alles will, alles tut – egal, ob es gut oder böse, heilsam oder zerstörerisch ist. Deshalb wird keineswegs alles, was in der Welt geschieht – z. B. Kriege, Unterjochungen, Hunger –, der Urheberschaft Gottes zugeschrieben.

Gottes Macht ist nicht formal – als Macht an und für sich –, sie ist inhaltlich zu bestimmen, als Gerechtigkeit, als Liebe. Sie bewirkt nicht – wie alle Herrschaftsformen der Geschichte bisher – Unterdrückung, sondern Befreiung. Wenn Gott »alles in allem«, wenn er »Stadt« geworden sein wird, gibt es keinen Beherrscher und keine Beherrschten mehr. Nicht einmal Stadtpräsident, geschweige denn Stadtdiktator wird Gott alsdann noch sein, vielmehr wird seine Allmacht die Macht seiner Gerechtigkeit und Liebe *in allen* sein. In unserem Text wird die Aufhebung der fatalen Zweiheit Herrscher-Beherrschte, Mächtige-Machtlose dadurch unterstrichen, daß neben dem »allmächtigen Gott« ausdrücklich »das Lamm« genannt wird, das »erwürgte Lamm«, der Gekreuzigte als Inbegriff der Machtlosen und Geopferten.

Wer die biblische Zielvision des »neuen Jerusalem« durchdenkt, wird verstehen lernen, daß die Macht Gottes etwas radikal anderes ist und anstrebt als jede bisherige Machtpraxis der Menschengeschichte. Der allmächtige Gott des Lammes geht auf Abschaffung jeder Macht aus, die nicht Gerechtigkeit, nicht Liebe ist. Solange dieses Ziel nicht erreicht ist, ist der all-mächtige der all-leidende, mit allen Unterdrückten, Geopferten, Entrechteten leidende Gott, der nicht mit den Wölfen, sondern mit den Lämmern solidarisch ist.

Friede als vielfältige Lebensfülle

Salomo herrschte über das ganze Land jenseits des (Euphrat-)Stromes von Thiphsah bis nach Gaza, über alle Könige jenseits des Stromes, und er hatte Frieden auf allen Seiten ringsum, so daß Juda und Israel sicher wohnten, ein jeder unter seinem Feigenbaum von Dan bis Beerseba, solange Salomo lebte.

1. Könige 5,4.5 (Zürcher Bibel)
1. Könige 4,24.25 (Luther-Bibel)

»Schalom«, Friede: so lautet das Zielwort des göttlichen Handelns.

»Schelomo«, Salomo: so hieß der dritte und zugleich letzte König Gesamtisraels. Sein Name ist abgeleitet vom Wort »Schalom«, Friede. Diese Namengebung hatte zunächst einen besonderen Grund. Nachdem das erste Kind von David und Bathseba krank geworden und gestorben war, nannte David den danach geborenen Sohn Salomo (2. Samuel 12,15–24), wobei das vermutlich bedeutet »der Unversehrte«. Eine der differenzierten Bedeutungen des Wortes »Schalom« ist »Unversehrtheit«. Zum Frieden gehört Unversehrtheit. Für Salomo persönlich bedeutete diese Unversehrtheit zunächst körperliche Unversehrtheit, Gesundheit. In der Folge zeigte sich, daß dieses Wort auch für das Volk Israel während der Regierungszeit Salomos paßte, insofern Israel unter Salomo von Kriegen unbehelligt, unversehrt blieb.

Salomos Vater David hatte Israel um das Jahr 1000 vor Christus militärisch und politisch zu einem großen Staat auf- und ausgebaut. So erbte Salomo ein Königreich, das vom Euphrat bis zum Mittelmeer, »von Thiphsah bis nach Gaza« reichte. Er mußte keine Kriege mehr führen, sondern »hatte Frieden auf allen Seiten ringsum, so daß Juda und Israel sicher wohnten, ein jeder unter seinem Weinstock und unter seinem Feigenbaum von Dan bis Beerseba, solange Salomo lebte«.

Die Überlieferung Israels hat David zu einer Art Modell des messianischen Heilskönigs und seiner Macht stilisiert. Salomo und seine Friedenszeit wurden in der Retrospektive zu einer Art Modell des Schalom, des messianischen Gottesfriedens, stilisiert. Gewiß ein unzulängliches Modell mit groben Konstruktionsfehlern (wie wir später noch sehen werden). Dafür aber ein Modell, das auch in seiner Stilisierung durch die Überlieferung den Schalom zeichenhaft als irdisch-gesellschaftliches Geschehen demonstriert. Auch zeigt dieses Modell, daß der Friede, der Schalom, weit mehr als negativ nur die Abwesenheit von Streit, die Unversehrtheit von Krieg bedeutet. Friede wird im salomonischen Modell vielmehr sichtbar als reiche Entfaltung all unserer Lebensmöglichkeiten im guten Umgang der Menschen miteinander.

Das Modell der Salomo-Zeit scheint mir vor allem sechs Hinweise zu enthalten auf die konkrete Lebensfülle, die Gottes Schalom uns verheißt.

1. Hinweis: Salomo wird von der Überlieferung als weiser und gerechter Richter dargestellt. Berühmt geworden ist sein Urteil im Streit zweier Frauen um ein neugeborenes Kind (1. Könige 3,16–28). Diese richterliche Weisheit war von Gott erbetene und gewährte Gabe, denn nach seinem Amtsantritt hatte sich Salomo von Gott in erster Linie

Weisheit zur Rechtsfindung und Rechtsprechung erbeten (1. Könige 3,4–12).

Das besagt: Zum Schalom gehören grundlegend ein Recht und eine Rechtsprechung, die gerecht, weise und human sind. Friede und Recht sind Zwillinge. So sind auch Glaube an Gott und Leidenschaft für das Recht Zwillinge. Es ist kein Zufall, daß bei den großen Juristen und Rechtsdenkern unseres Landes, von Carl Hilty bis Max Huber, die Leidenschaft für das Recht in ihrem Glauben begründet war.

2. Hinweis: Krieg ist Zerstörung, Friede Aufbau. Deshalb ist der Friedenskönig Salomo ein großer Bauherr gewesen. Er errichtete den Tempel (1. Könige 6), baute Paläste und neue Stadtteile in Jerusalem (1. Könige 7,1–12), aber auch in anderen Städten (1. Könige 9,19). Gewiß: es war kein demokratischer Wohnungsbau. Es war ganz und gar königliche Baulust, Architektur als »Imperialkulisse« (Adrien Turel), bezahlt mit dem Frondienst und den Steuern der Untertanen, also mit Unterdrückung (davon wird später noch zu reden sein). Dennoch gilt: Friede hat es auch mit Bauen und »sicher« Wohnen, vielleicht sogar mit »schön« Wohnen (was nicht luxuriös heißen will) zu tun.

3. Schalom, Friede ist nicht Mangel und Armut, sondern Fülle und Wohlstand. Darum schildert die Überlieferung Salomo als sagenhaft reich (1. Könige 10,14–29). Freilich: auch dieser Reichtum war, wie übrigens immer und überall zu jener Zeit, der Reichtum nur des Königs und der Seinen, höchstens indirekt, oft aber auch gar nicht, ein Reichtum des Volkes. Das salomonische Modell hat, wie schon gesagt, seine sehr groben historischen und sozialen

Konstruktionsfehler, bleibt durchaus unzulänglich. Dennoch erfolgt durch diese Unzulänglichkeit hindurch der Hinweis: der Friede, den Gott mit uns schaffen will, soll Wohlstand, soll Fülle sein – so bald als möglich nicht nur für einen König, sondern für alle! Vergessen wir nicht: weltweit gesehen sind heute *wir* die Könige, gehören *wir* zu jener privilegierten Schicht der Menschheit, die unter Hungernden im Wohlstand lebt! Mit Salomos Monopolreichtum kritisieren wir zugleich unseren eigenen Monopolreichtum in einer Welt von Armut und Not. Friede aber wird erst, wenn auf dieser Erde alle ausreichend zu leben haben, alle an der Fülle der irdischen Güter partizipieren.

4. Hinweis: Der Schalom ist weltweite Offenheit. Dazu gehört eine Vielfalt internationaler Beziehungen wirtschaftlicher, technischer und persönlicher Art. Salomo schloß Verträge mit anderen Königen, ließ für seine Bauten Arbeiter und Materialien aus dem Ausland kommen (1. Könige 5,15–32; 7,13–50), knüpfte diplomatische Beziehungen nach allen Richtungen an. Diesem Internationalismus diente, nach damaliger Sitte, auch seine Heiratspolitik: er heiratete erst eine Tochter des ägyptischen Pharao (1. Könige 3,1), danach – so meldet die biblische Überlieferung summarisch – noch 700 Hauptfrauen und 300 Nebenfrauen, vornehmlich Ausländerinnen (1. Könige 11,1–3).

Da ist also keine Angst vor Überfremdung und Rassenvermischung, im Gegenteil: der Schalom, der Friede, zielt über nationale Enge hinaus ins Weltweite. Vorurteile und Schranken fallen. Der Schalom öffnet uns auch für diejenigen, die äußerlich oder innerlich anders sind als wir. Allerdings stellt der biblische Bericht auch hier einen Fehler fest, der Salomo zum Verhängnis geworden sei: der alternde König wurde dem Gott seiner Väter untreu und begann, von seinen Frauen verführt und ihnen zuliebe, fremden, anderen Göttern zu dienen (1. Könige 11,4–13). Dieses Versagen des alten Salomo weist aber auf ein Problem hin, das heute – unter anderen Voraussetzungen – allmählich aktuell werden dürfte: wie soll sich das Verhältnis der Religionen zueinander – heute der Großreligionen wie Islam, Buddhismus, Christentum – gestalten in einer Welt der gegenseitigen Achtung, des offenen Austausches und Dialogs? Wie verhält sich Buddha zu Christus oder Allah zum Vater Jesu Christi? Ich muß zugeben, daß ich da noch nicht klar sehe.

5. Hinweis: Friede als positive Entfaltung unserer Gaben und Möglichkeiten entbindet schöpferische Kräfte, die über Arbeitspensum und Freizeitunterhaltung hinausgehen. Man könnte sie kulturelle Kräfte nennen, wäre »Kultur« nicht ein allzu abgegriffenes und oft mißbrauchtes Wort. »Vibration permanente et culturelle« (ungefähr: dauernde kulturelle Vibration) war eine Parole der Pariser Studenten des Mai 1968. Oder auch: »Libérez l'expression!« (Befreit die Ausdrucksfähigkeit!). In diese Richtung weist das salomonische Modell in der Person Salomos selbst, von dem es heißt: »Und er dichtete dreitausend Sprüche und seiner Lieder waren 1005. Er redete von den Bäumen, von der Zeder auf dem Libanon bis zum Ysop, der aus der Mauer wächst. Auch redete er von den großen Tieren, von den Vögeln, vom Gewürm und von den Fischen« (1. Könige 4, 12–13). Die Freude an der Schöpfung und mit der Schöpfung findet Ausdruck in künstlerischen Schöpfungen (»Libérez l'expression!«). Daß die Friedens-

zeit Salomos als kulturelle Blütezeit galt, zeigt die Bibel selbst, enthält sie doch allerhand Literaturzeugnisse, die den Namen Salomos tragen, auch wenn vielleicht nicht Salomo selbst ihr Autor war. Salomo steht hier einfach als Stichwort für eine literarisch fruchtbare Epoche, bedeutet so etwas wie ein historisches Markenzeichen: es gibt Psalmen von Salomo, dann vor allem die Sprüche Salomos, den Prediger Salomo, das Hohe Lied Salomos.

Das alles sind Hinweise darauf, daß der Schalom auf eine Befreiung der schöpferischen Kräfte im Menschen zielt.

6. und letzter Hinweis: Salomo wurde von der Überlieferung zum großen Liebenden stilisiert – nicht nur quantitativ, sondern qualitativ! Darum trägt auch das Hohe Lied (genau: das Schönste Lied) seinen Namen: diese Sammlung leidenschaftlicher Liebesgedichte in der Bibel. Im Schalom kommen Liebe und Sexualität zu ihrem Recht und zur vollen Entfaltung. Friedenskultur ist Liebeskultur! Heutige Parolen junger Leute wie »Liebe ist besser als Krieg«, »Macht Liebe, nicht Krieg« (Make Love not War) artikulieren sozusagen salomonische Weisheit, Weisheit des Schalom.

Daß Gott uns Menschen nicht als Freund und Feind zum Krieg, sondern als Mann und Frau zur Liebe geschaffen hat, ist nach dem Schöpfungszeugnis (1. Mose 1,27; 2,23–34) eine Grundkonzeption des Schalom.

–

Die 6 Hinweise der salomonischen Friedenszeit zeigen, daß der Friede, zu dem Gott mit uns unterwegs ist, keine Negation meint, sondern eine Fülle positiver Lebensentfaltungen. Deshalb scheint es mir ein bißchen fragwürdig zu sein, wenn ein »frommer« Sprachgebrauch die Eigenschaft »Frieden« vor allem dem Tod zuschreibt und den stillen Friedhof, wo sich nichts mehr rührt, als Inbegriff reinen Friedens auffassen möchte.

»Schalom«, Friede, als Zielwort des göttlichen Handelns, zielt jedoch nicht auf einen Endzustand von Friedhofsruhe und Totensonntag, sondern auf Werktage erfüllten, schöpferisch freien Lebens.

Zu diesem Schalom sind wir dann unterwegs, wenn wir uns selber und unseren Mitmenschen zur Entfaltung eines guten und lebenswerten Lebens verhelfen. Darum sollten wir füreinander nicht wandelnde Vorwürfe, nicht argwöhnische Detektive, nicht heimliche Richter sein. Wir sind dazu berufen, einander Mut zu machen, füreinander Verständnis zu haben und einander zur Lebensfreude und Selbstverwirklichung zu befreien. Das ist der Weg, auf den Gott uns ruft, auf dem er uns in Jesus Christus vorangeht – *der* Gott, der sogar die Toten aus ihrem falschen Frieden wieder aufstören, wieder aufwecken will zum wahren Frieden, der nicht Todesstille, sondern Lebensfülle ist.

Der Friede will Aufhebung von Unterdrückung und Ausbeutung

Da kamen Jerobeam und die ganze Gemeinde Israels und redeten mit Rehabeam und sprachen: Dein Vater hat unser Joch hart gemacht; mache du nun die harte Fron deines Vaters und das schwere Joch, das er uns aufgelegt hat, leichter, so wollen wir dir untertan sein. Er aber sprach zu ihnen: Geht hin und kommt in drei Tagen wieder zu mir. Da ging das Volk hin. Und König Rehabeam hielt Rat mit den Alten, die seinem Vater Salomo zu dessen Lebzeiten gedient hatten, und fragte sie: Wie ratet ihr mir, diesem Volke zu antworten? Sie erwiderten ihm: Wenn du heute diesem Volk zu Willen bist, dich ihnen fügst, auf sie hörst und ihnen gütigen Bescheid gibst, so werden sie dir allezeit zu Willen sein. Aber er kehrte sich nicht an den Rat, den ihm die Alten gegeben hatten, sondern hielt Rat mit den Jungen, die mit ihm aufgewachsen waren und ihm dienten. Und er fragte sie: Was ratet ihr, daß wir diesem Volke antworten, das zu mir gesagt hat: »Mache das Joch leichter, das dein Vater uns aufgelegt hat«? Die Jungen, die mit ihm aufgewachsen waren, erwiderten ihm: So sollst du zu dem Volke reden, das zu dir gesagt hat: »Dein Vater hat unser Joch schwer gemacht; mache du es uns leichter« – so sollst du zu ihnen reden: »Mein kleiner Finger ist dicker als meines Vaters Lenden. Nun wohl, hat mein Vater euch ein schweres Joch aufgeladen, so will ich es noch schwerer machen; hat mein Vater euch mit Geißeln gezüchtigt, so will ich euch mit Skorpionen züchtigen.«

Als nun Jerobeam und das ganze Volk am dritten Tage zu Rehabeam kamen, wie der König gesagt hatte: »Kommt in drei Tagen wieder zu mir«, da gab der König dem Volke eine harte Antwort und kehrte sich nicht an den Rat, den ihm die Alten gegeben hatten; er sagte zu ihnen nach dem Rat der Jungen: Hat mein Vater euer Joch schwer gemacht, so will ich es euch noch schwerer machen; hat mein Vater euch mit Geißeln gezüchtigt, so will ich euch mit Skorpionen züchtigen. Also hörte der König nicht auf das Volk; denn es war so von dem Herrn gefügt, damit er das Wort erfülle, das er durch Ahia von Silo zu Jerobeam, dem Sohne Nebats, geredet hatte.

Als aber ganz Israel sah, daß der König nicht auf sie hören wollte, gab das Volk dem König den Bescheid:

Was haben wir für Anteil an David?
Wir haben kein Erbe an dem Sohne Isais!
Auf, Israel, zu deinen Zelten!
Nun sieh zu deinem Hause, David!

Also ging Israel zu seinen Zelten. Über die Israeliten aber, die in den Städten Judas wohnten, wurde Rehabeam König. Als nun Rehabeam den Fronvogt Adoniram hinsandte, warf ihn ganz Israel mit Steinen zu Tode; der König Rehabeam aber stieg eilends auf seinen Wagen und floh nach Jerusalem. So fiel Israel ab vom Hause Davids bis auf diesen Tag. Als nun ganz Israel hörte, daß Jerobeam zu-

rückgekommen sei, sandten sie hin und ließen ihn in die Volksversammlung rufen und machten ihn zum König über ganz Israel; und niemand hielt zum Hause Davids als allein der Stamm Juda.

1. Könige 12,3b–20

Die Friedenszeit unter König Salomo galt späterer Überlieferung als Hinweis auf die lebendige, schöpferische Fülle dessen, was mit »Schalom«, mit Frieden, gemeint sein könnte.

Zugleich aber zeigt das biblische Zeugnis ungeschminkt, daß dieser Hinweis doch sehr mangelhaft gewesen ist und daß das salomonische Friedensmodell *einen* entscheidenden Konstruktionsfehler aufwies. Davon spricht der heutige Text.

Salomo ist gestorben. Sein Sohn und Nachfolger heißt Rehabeam. Und nun kommen die Stämme Israels (es sind alle nördlichen Stämme unter der Führung Jerobeams) mit folgender Bitte zu Salomos Sohn: »Dein Vater hat unser Joch hart gemacht; mache du nun die harte Fron deines Vaters und das schwere Joch, das er uns auferlegt hat, leichter, so wollen wir dir untertan sein.«

Jetzt also kommt es heraus, zu welchem Preis der friedliche Aufbau und die kulturelle Blüte unter Salomo erkauft worden ist und wer diesen Preis hat bezahlen müssen: es war das Volk, »der große Paria der Geschichte« (Ludwig Derleth). Mit Steuerabgaben und vor allem mit Fronarbeit hatte Salomo das Volk ausgepreßt. Das war freilich nicht nur unter Salomo so, das war das Kennzeichen aller damaligen Königreiche, denen sich Israel mit seinem Wunsch nach einer Monarchie angeglichen hatte. Wir vergessen zu leicht, daß die ganze antike Kultur, auch die der Griechen, auf dem System der Sklaverei basierte. Israel war inmitten dieser Königreiche lange Zeit ein freies Volk gewesen und hat auch später die Sklaverei nur in einer sehr gemilderten Form gekannt. Es fiel also einigermaßen aus dem Rahmen seiner Umgebung und seiner Zeit. Aber Salomo versuchte offenbar, es den anderen Königen seiner Zeit gleichzutun, womit auch die Gesellschaftsstruktur Israels derjenigen seiner Nachbarn angeglichen werden sollte. Glanz und Aufwand der salomonischen Friedens- und Blütezeit basierten jedenfalls auf einer Israel vorher unbekannt gewesenen Unterdrückung und Ausbeutung.

Begreiflich, daß das geschundene Volk von Salomos Sohn nun Erleichterung des Jochs und Milderung der Fron erbittet.

Rehabeam hört jedoch nicht auf das Volk, auch nicht auf die älteren Berater am Hof, die zur Milde raten. Rehabeam hört auf den Rat der jungen Leute, der »jeunesse dorée«, die mit ihm am Hofe aufgewachsen ist und die natürlich eine Schmälerung ihrer Einkünfte und Privilegien befürchtet. So antwortet denn der junge König dem bittenden Volk, drohend und arrogant: »Hat mein Vater euer Joch schwer gemacht, so will ich es euch noch schwerer machen; hat mein Vater euch mit Geißeln gezüchtigt, so will ich euch mit Skorpionen züchtigen.«

Dieser freche Bescheid jedoch provoziert – statt einzuschüchtern – die Revolution, den Abfall. Bis auf den Stamm Juda fallen die Stämme Israels alle von Rehabeam ab. Nicht nur die Glanz- und Friedenszeit Salomos ist damit zu Ende, das Großreich von David und Salomo fällt für immer auseinander, gescheitert an der »Arroganz der Macht« (Senator William Fulbright).

Wie im Positiven, so ist das salomonische Friedensreich

also auch im Negativen zum Modell geworden. Das Modell zeigt, daß Friede ein soziales Geschehen sein muß, das zur Befreiung, zur »Emanzipation der Mühseligen und Beladenen« (Ernst Bloch) führt. Ein Friede, der sich auf Unterdrückung und Ausbeutung der Mühseligen und Beladenen gründet, ist noch lange nicht der von Gott gewollte »Schalom«.

Ich stelle jetzt dieses Ende der salomonischen Zeit noch in einen größeren Zusammenhang.

Ungefähr vier Generationen vor Rehabeam hatte Israel dringend einen König gewünscht, wie ihn alle umliegenden Völker auch hatten. Durch den Propheten Samuel warnte Gott jedoch das Volk vor seinem eigenen Wunsch. Ein König, so sagte Samuel, wird eure Arbeitskraft, eure Steuerkraft, auch eure Söhne und Töchter beanspruchen (1. Samuel 8,1–22). Trotz dieser Warnung beharrte Israel auf seinem Wunsch. Es hatte auch das Beispiel Gideons vergessen, der die ihm seinerzeit angetragene Königswürde mit den programmatischen Worten ausgeschlagen hatte: »Ich will nicht über euch herrschen, und auch mein Sohn soll nicht über euch herrschen; der *Herr* soll über euch herrschen« (Richter 8,23).

Und nun, nach Saul und David, war unter Salomo die warnend vorausgesagte Unterdrückung und Ausbeutung bereits Tatsache geworden. Von jetzt an mußten immer wieder Propheten ihre Stimme erheben gegen die soziale Unterdrückung durch die Könige (auch durch diejenigen im Nordreich!) und durch die herrschenden Klassen. Das Experiment Israels mit der Monarchie ist, aufs Ganze gesehen, gescheitert.

Als es dann längst weder israelitische noch jüdische Könige mehr gab und auf dem Thron in Jerusalem der Araber

Herodes saß, erschien der ganz andere, der neue König, bei dessen Geburt von neuem der Schalom, der Friede auf Erden (Lukas 2,14), sozusagen als sein Regierungsprogramm und als Leitwort des irdischen Handelns Gottes ausgerufen wurde.

Dieser neue König, der »Messias« oder »Christus« (was soviel wie »Gotteskönig« bedeutet), gehört nicht mehr zur herrschenden, sondern zur beherrschten Klasse. Er ist das Kind einfacher, vielleicht sogar ärmlicher Leute aus dem verachteten Galiläa (von den Juden Judäas »Galiläa der Heiden« genannt). In ihm verbindet sich die höchste Macht oben, diejenige Gottes, mit der tiefsten Macht unten, mit derjenigen des Volkes. Damit wird deutlich, daß der von Gott gewollte Friede ein mitmenschliches und soziales Geschehen von »unten« her sein soll und sein wird. Und weil Jesu »Königtum« radikaler Verzicht auf direkte oder indirekte Gewaltausübung ist, bringt es den Frieden als eine zukünftige Lebensordnung in Sicht, in der kein Mensch mehr über andere herrscht, kein Mensch mehr andere wirtschaftlich ausbeutet und kein Mensch mehr gegen andere Gewalt anwendet. Kann unter diesen Umständen Jesus überhaupt als »König« bezeichnet werden? Umstritten ist, ob er sich je selber als »Christus« (= Messias = Gesalbter, d.h. Gotteskönig) bezeichnet hat oder ob ihm dieser Würdetitel nachträglich von seinen Anhängern gegeben worden ist. »König« kann er jedenfalls nur genannt werden, wenn man sich dabei klar ist, daß mit dieser Bezeichnung etwas diametral anderes gemeint ist als das, was wir sonst unter Monarchen oder anderen Herrschern verstehen. Der Evangelist Johannes wußte vermutlich, weshalb er uns eine ausdrückliche Ablehnung der Königswürde durch Jesus berichtet. Nach der Speisung der Fünftausend war eine Bewegung entstanden, die Jesus mit Gewalt zu einem Volkskönig in Galiläa erheben wollte. »Da nun Jesus merkte, daß sie kommen und ihn gewaltsam wegführen wollten, um ihn zum König zu machen, zog er sich wiederum auf den Berg zurück, er allein« (Johannes 6,15). Ich glaube, daß man diese Weigerung Jesu in genauer Parallele zur erwähnten Weigerung Gideons sehen muß: »Ich will nicht über euch herrschen ... der *Herr* soll über euch herrschen.«

Der Friede ist Herrschaft Gottes und als solche das Ende jeder anderen menschlichen Herrschaft.

Die Frage ist: welche Schritte können wir in der Richtung dieses Friedens tun?

Ich sagte das letzte Mal: praktisch sind *wir* heute König Salomo. *Wir* sind die Privilegierten in einer Welt von Armut und Unterdrückung. *Wir* werden auf Kosten der armen Völker wohlhabend, ja reich. Doch unüberhörbar erbitten, fordern die Völker der Dritten Welt jetzt Milderung des Jochs und der wirtschaftlichen Fron. Auf diese Forderungen gibt es die arroganten Rehabeam-Reaktionen. Ihre Folgen sind wie immer: Revolution, Krieg, Gegengewalt: Kuba, Vietnam, Angola und so weiter.

Uns Christen weist Christus einen anderen Weg: den Weg des Macht- und Privilegienverzichts, der brüderlichen Hilfe, der ehrlichen Solidarität.

Eine »Berner Erklärung« ruft jetzt unser Volk dazu auf, den Völkern der Dritten Welt gegenüber eine menschlich, politisch und wirtschaftlich hilfreichere, brüderlichere Haltung zu beziehen. Die mehr als 1000 Unterzeichner dieser Erklärung haben sich verpflichtet, jeden Monat 3% ihres Einkommens an Aufbauwerke für die Dritte Welt zu geben.

Soeben erklärte Paul Hoffmann, Chef des UNO-Entwicklungsprogramms, letztes Jahr (1967) hätten die Industriestaaten 4000 Millionen Dollar Steuergelder für Entwicklungshilfe, aber 160 000 Millionen Dollar für Rüstungszwecke ausgegeben. Hoffmann kommentierte wörtlich: »4000 Millionen Dollar für den Aufbau und 160 000 Millionen Dollar für die Zerstörung.« Also das Vierzigfache!

Wenn das anders werden soll, genügt es nicht, über ein solches Mißverhältnis zu lamentieren. Jeder von uns sollte sich vornehmen, je nach seinen Möglichkeiten, monatlich ebenfalls 1 oder 2 oder 3 Prozent seines Einkommens für Aufbauwerke in der Dritten Welt zu geben. Das wäre ein Anfang. Damit würden wir konkret unsere Einsicht praktizieren, daß wir nicht die Salomos, geschweige denn die Rehabeams unserer Zeit sein wollen. Und damit würde die Botschaft vom »Frieden auf Erden« aus einem Engelswort zur persönlichen Selbstverpflichtung.

Der Traum vom Frieden

Schlaftraum

Wie verhalten sich Schlaftraum und Wachtraum zueinander? Nach meiner Erfahrung sind beide Produkte meiner Subjektivität, vermutlich auch psychischer Niederschlag meines Umganges mit der Welt. Möglich ist, daß die Wurzeln der im Traum sich manifestierenden Subjektivität hinabreichen in das von C. G. Jung behauptete kollektive Unbewußte mit seinen Archetypen. Dann würde die radikale Subjektivität des Traumes gerade nicht radikaler Isolation, sondern kollektivem Einverständnis entspringen, Träume wären nicht geistiges Privateigentum, sondern so etwas wie individuelle Ausprägungen eines gemeinsamen Schatzes an Bildern? Kühn dekretiert Ernesto Cardenal: »Das große Unterbewußtsein ist kommunistisch.« Dürfte man sagen: Von allen menschlichen Tätigkeiten weist das Träumen – sofern man Träumen als Tätigkeit bezeichnen darf – den Menschen als ein Wesen aus, das auf Frieden hin angelegt ist? Jedoch: Was haben ein Hitler, ein Stalin nachts geträumt? Ihre Wachträume glaubt man erraten zu können. Was haben ihre Schlafträume dazu geäußert?

Kaum begonnen, breche ich diese Überlegungen allgemeiner Art wieder ab und lasse die Frage nach einer möglichen Verwandtschaft von Schlaftraum und Frieden offen. Mit einiger Kompetenz kann ich in diesem Falle nur von mir selber, nur subjektiv sprechen.

Von Zeit zu Zeit wird mein Wachtraum vom Frieden tatsächlich durch Schlafträume genährt. Oder nehmen

Schlafträume den Wachtraum auf, um ihn zu verarbeiten? Geht die Initiative vom Schlaf- oder vom Wachtraum aus? Ich kann ein gelegentliches Zusammenspiel feststellen.

Oft kehren in meinen Schlafträumen bestimmte Elemente wieder, so zum Beispiel ein städtisches Ambiente. In meinen Traumstädten treffe ich freilich nur Menschen, nie Autos oder andere Fahrzeuge. Eine Fußgängerstadt? Hier und da schwebe, fliege ich auch, ohne Flugzeug und Flügel, über Plätze und Gassen, meist mit einem oder zwei Menschen zusammen, nicht im Sinne beschleunigter Fort-Bewegung, eher im Sinne intensiveren Hier-Seins. Das Schweben, Fliegen, nie himmelhoch, immer nur einige, höchstens etwa zehn bis fünfzehn Meter über dem Boden, Fensterreihen (aus denen da und dort fröhliche Leute winken) entlang, an alten Ziegeldächern vorüber, erzeugt keine Angst, Absturz scheint ausgeschlossen, das Vergnügen ist selbstverständlich und deshalb vollkommen. Meine Traumstadt ist ausgesprochen gesellig. Es sind heitere, zugängliche Menschen, denen ich begegne, die auch mich heiter und zugänglich stimmen. Die Bewegungen sind sanft, ohne Hast, die Berührungen freundlich, lächelnd, die Blicke verständnisinnig. Die Beziehungen der Menschen untereinander und zu ihrer Umgebung (der Stadt) sind sozusagen von Zärtlichkeit durchstrahlt. Dazu paßt wohl der Umstand, daß stets helle Sonne die Szenerie sowohl beleuchtet wie offenbar auch erwärmt. Immer handelt es sich um Städte historischer, mindestens älterer Bauart, die auf das Maß von Menschen zugeschnitten sind. Oft stelle ich Ähnlichkeiten fest mit der Altstadt von Bern, oft sind es alte Städtchen mediterranen Charakters. Auch Kirchen kommen vor, immer kathedralenartig, weiträumig im Innern mit vielerlei Hell-Dunkel-Nuancen: Berner

Münster? Die Kathedrale von Siena oder Palma de Mallorca? In diesen Kirchen ist Gespräch, Orgelmusik, Predigtwort auch, doch niemand sitzt still, die Menschen bewegen sich, kommen, gehen, grüßen, lächeln, nehmen auf zugleich intensive wie unbeschwerte Weise an einem mir nie ganz klaren Geschehen teil.

Warum träume ich meistens Stadt, nur selten Landschaft, Natur? Zweifelsohne hängt das mit meinem spezifischen Erfahrungsbereich, mit persönlichen Erlebnissen, Vorlieben, Wünschen zusammen. Möglicherweise träumt ein passionierter Berggänger vom einsamen Frieden der Gletscher und Gipfel, ein Botaniker oder Ornithologe vom Frieden in Wiesen, Wald oder Sumpfschilf. Wieso sollte Natur nicht auch Element von Friedensträumen sein können? Nach jahrhundertelangem Ausbeutungs- und Vernichtungskrieg gegen sie wäre so etwas wie ein Friedensschluß mit der Natur auch und vorerst in unseren Träumen wohl fällig. Ich wünschte, mehr Natur und mich in der Natur träumen zu können. Meine Träume scheinen kein Ohr für diesen Wunsch zu haben. Die Schauplätze bleiben städtisch, als spräche durch sie der platonische Sokrates: »Die Felder und Bäume wollen mich nichts lehren, wohl aber die Menschen in der Stadt« (Phaidros 230c). Und was lehren mich die Menschen, denen ich in den geträumten Städten begegne? Ich habe nur die *Szenerie* meiner gelegentlichen Friedensträume beschreiben können. Die *Geschehnisse* im einzelnen wiederzugeben führte zu weit, würde mein Wiedergabevermögen übersteigen (ich wundere mich immer über die verdächtig klaren, verdächtig eindeutigen Traumprotokolle in der psychotherapeutischen Literatur). Soviel aber läßt sich sagen: Die Menschen, mit denen ich in Friedensträumen umgehe, sind allesamt Freunde. Ich bewege mich in einer Stadt der Freundschaft, wobei diese Freundschaft die ganze, hochdifferenzierte Skala der Zuneigungen und Begegnungsarten umfaßt mit fließenden und selbstverständlichen Übergängen zwischen Agape und Eros. Spontaneität und Herzlichkeit prägen die Umgangsweise aller mit allen.

Menschenstadt also, Polis vielleicht – doch nicht etwa die Polis Gottes? Als Theologe denkt man gleich an die Friedens- und Gottesstadt von Offenbarung 21, eine Traumstadt ebenfalls. Sind geträumte Städte der beschriebenen Art Archetypen? Doch es gibt auch ein biblisches, später spezifisch protestantisches Mißtrauen Träumen gegenüber. Ich kann es nicht überhören, teile es aber nicht; zu sehr ist meine Subjektivität durch Träume mitbestimmt.

Der französische Schriftsteller J. M. G. Le Clézio bekennt: »Alles, was in mir ist, und alles, was um mich herum ist, bleibt nach wie vor in eine nächtliche Ruhe getaucht, die nicht abbricht. Dieser Schlaf tief innen in meinem Leben kann nicht enden.« Träumen wir dem Erwachen oder wachen wir dem Träumen entgegen? »Wenn der Herr wenden wird Zions Geschick, werden wir wie die Träumenden sein« (Psalm 126,1). So oder anders: die Stadt des Friedens, die Stadt ohne Angst, die Stadt der Freundschaft, in vielem vage, in manchem präzis erscheinend, ist ein Topos meiner Utopie, ein auf dem Grund des Unbewußten überdauerndes Vineta sozusagen, ein Element meiner privaten Mythologie vielleicht, ein deshalb aktiv imaginiertes Bild auch.

Mein Wachtraum vom Frieden ist der Traum von einer Welt ohne Angst.

Ich bin ein Mensch vieler Ängste, das ist eine Folge meiner psychophysischen Konstitution. Menschen, Geschehnisse, aber auch Gegenstände können mir Angst einflößen, Tiere manchmal in ihrem totalen Anders-Sein, mögliche oder reale Krankheiten natürlich und – beim Blick in Umwelt und Welt hinaus – finstere Zukünfte, die mit blindem Eifer geplant werden oder wie globale Tumore wuchern und wachsen.

Meine Ängste sind so zahlreich, so berechtigt, so unsinnig, daß ich mich wundere, wie ich ihre Aufsässigkeit ertragen kann. Vielleicht danke ich das dem Traum vom Frieden, von einer Welt ohne Angst?

An dieser Stelle muß ich etwas Wichtiges nachholen. Mein Wachtraum vom Frieden ist nicht nur mit bestimmten Schlafträumen, er ist ebenso mit erlebter Realität verknüpft. Daß meine Ängste mich nicht einfach lähmen und zerstören können, rührt entscheidend davon her, daß ich Liebe, Freundschaft erfahren darf. Liebe treibt nicht nur die Furcht, sie treibt auch Angst aus, schafft angstfreie Räume, Zeiten, in denen es möglich ist, Atem zu holen, sich aufzurichten, Mut zu fassen. Liebe lehrt eine Zustimmung zur Welt, die gleichzeitig Widerstand ist gegen das, was die Welt terrorisiert und zerstört. Ich spreche hierbei nicht von der Liebe, die *ich* allenfalls habe oder gebe. Ich spreche von der Erfahrung des *Geliebt-Seins.* »Geliebt wirst du einzig, wo du schwach dich zeigen darfst, ohne Stärke zu provozieren« (Theodor W. Adorno). Im Geliebt- und Bejaht-Sein schwindet meine Angst und erlebe ich, daß Frieden, Freundschaft, Freiheit keine Phantome, sondern reale Möglichkeiten menschlichen Zusammenlebens sind. Mein Traum vom Frieden ist somit nicht der Traum von einem wirklichkeitsfernen Wolkenkuckucksheim, er hat seinen »Sitz im Leben«, das heißt in alltäglichen Erfahrungen, die ich andern Menschen verdanke, welche auf diese Weise am Traum mitbeteiligt sind.

In meinem Traum erwachen die Menschen am Morgen ohne Angst. Sie gehen an eine Arbeit, die weder durch Überforderung noch durch Stupidität Angst erzeugt. Niemand ist genötigt, eine falsche Arbeit zu verrichten. »Falsch ist jede Tätigkeit, die die Fähigkeiten des Ausübenden nicht steigert« (Ludwig Hohl). Nicht die Effizienzdiktate des Profits weniger organisieren die Arbeit der vielen und entscheiden über den Wert einer Tätigkeit, sondern jeder kann selbst bestimmen, in welcher Arbeit er sich entfalten, verwirklichen will. Wem eine Arbeit Spaß macht, soll sie tun dürfen, denn er wird sie gut ausführen, wird seine Freude in sie einbringen und mit ihr wiederum anderen Freude und Nutzen bringen können.

Mein Traum vom Frieden gründet kühn auf der Annahme, daß sich ein sozusagen providentielles und optimales Zusammenspiel ergäbe, sobald jeder das tun dürfte, was seinen Anlagen, Fähigkeiten, Wünschen zutiefst entspricht. Im Rahmen dieses Zusammenspiels würden auch ausgefallene Tätigkeiten sinnvoll, verrückte Arbeiten nützlich, das heißt, ihr Sinn und ihre Nützlichkeit würden erst jetzt entdeckt, erst jetzt wirksam werden. Aggressivität, von der ich nicht glaube, daß sie angeboren ist, würde dank der persönlichkeitsgerechten Betätigung aller abgebaut sein. Die Gefängnisse fänden als Lagerhäuser Verwendung. Mit der persönlichen wäre auch die kollektive

Aggressivität überwunden, aus Kasernen wären Jugendherbergen, Begegnungs- und Tagungsstätten geworden, die alten militärischen Uniformen, Waffen, Geräte hätten nur noch folkloristisch-historischen Sinn.

Libertäre Utopie klassischer Anarchisten? Naiver Schöpfungsglaube? Es ist der Traum, den schon Rabelais einst mit seiner Abtei Thelema geträumt hat, deren Devise lautet: »Mach, was du willst!« Hierin klingt das frühere augustinische Wort an: »Liebe – und dann mach (als Liebhaber!), was du willst!«

Stadt der Freundschaft

Ich träume den Frieden primär nicht als einen Zustand, den Regierungen ins Werk setzen könnten. Ich träume ihn – konkreter – als eine Gemeinschaft *befriedeter* Menschen, die sein dürfen, was sie sein können, die deshalb aggressionsfrei, dafür liebesfähig geworden sind. Ich träume Menschen, die ihre Arbeit, ihre Lebensbedingungen lieben können, die darum auch im Umgang mit sich und mit den andern hilfsbereit, offen, liebevoll werden. Die Stadt ohne Angst ist die Stadt der Freundschaft. Wer fürchtet, diese Stadt könnte langweilig werden, hat noch nicht begriffen, daß es nichts Anregenderes, Spannenderes, Kurzweiligeres gibt als Freundschaft, als Liebe, durch die unser verschlossenes Leben sich öffnet, um andere einzulassen, aufzunehmen, die mit ihrem Dasein Innovation, Spannung, Erweiterung in unseren Alltag bringen, ihn in immer reicheren All-Tag verwandeln. Den Traum von der Stadt der Freundschaft zu träumen, vermag wohl nur, wer Freundschaft erfahren hat, wer als Freund zu leben versucht, wer Zellen und Kreise der Freundschaft bereits jetzt und in verschiedensten Formen hat kennenlernen dürfen.

Warum ist die Kirche, die Kirchengemeinde in der Regel so wenig eine Gemeinschaft von Freunden? Hat nicht der johanneische Christus seine Jünger »Freunde« genannt (Johannes 15, 14.15)? Aber die Kirche ist oft weniger Antizipation der Stadt der Freundschaft als ein Spiegel jetziger Verhältnisse, die bestimmt sind vom Kampf aller gegen alle, vom sozialdarwinistischen Prinzip der Konkurrenz, das nur Komplizenschaft zuläßt, nicht Freundschaft, nicht Liebe. Im Verhältnis zu den derzeitigen Sozialordnungen ist Freundschaft subversiv. Sie zielt ihrem Wesen nach auf eine Gesellschaft der Freunde. Das ist ihr Traum, den sie einer friedlosen, Angst und Feindschaft erzeugenden Gesellschaft entgegenstellt.

Die Einwohner der Stadt ohne Angst, die die Stadt der Freundschaft ist, wissen aufeinander einzugehen, weil sie sich die Zeit nehmen und die Fähigkeit entwickelt haben, auf sich selber einzugehen. Man findet in der Stadt keine Psychologen, Psychiater, Seelsorger. Jeder weiß sinnvoll mit sich selber und mit den anderen umzugehen, nicht nur aus eigener Einsicht, sondern auch deswegen, weil Freundschaft ihn umgibt. Die Irrenhäuser konnten in weltliche Klöster umgewandelt werden, wohin man sich jederzeit zur Meditation zurückziehen kann. Begriffe wie »verrückt«, »psychopathisch«, »anormal«, »Spinner« sind unbekannt. Jeder darf so sein und sich so entfalten, wie er ist. Niemand terrorisiert andere mit dem Vorwurf, sie seien – nach seinem Vorurteil – nicht normal. Niemand hat das Bedürfnis, so zu urteilen, weil niemand das Bedürfnis verspürt, über andere zu herrschen und seine Herrschaft als Norm der Normalität auszugeben. Jeder hat erkannt und erfahren, daß nicht die Herrschaft über Menschen und Dinge, sondern der liebevolle, freundliche Umgang mit ihnen das Leben lebenswert und reich macht. Dieser offene und öffnende Umgang mit Menschen und Dingen verleiht dem Dasein, das früher erst ein Hie-und-da-Sein war, die Qualität des »wahren« Lebens, in dem sich die Wahrheit der Menschen, aber auch der Dinge abzuzeichnen und zu erfüllen beginnt. In der Stadt der Freundschaft beginnt der Augenblick, um mit Ernst Bloch zu reden, Augen zu bekommen, Zeuge des Weltanfangs und der Weltvollendung zu werden, die in jedem Augenblick immer wieder geschehen, denn »Leben heißt doch Dabeisein, heißt nicht nur Vorher oder Nachher, Vorgeschmack oder Nachgeschmack«. Jetzt und hier! Und das heißt auch: Das Nahe, Nächste, das bisher dunkel, unerfahren, übergangen blieb, hellt sich auf, fängt an zu leuchten wie einst das Zinngefäß, dessen Anblick Jakob Böhme die Innenansicht aller Dinge erschloß, so daß er den »Kreaturen ins Herz« sah.

In der Friedensstadt meines Wachtraums hat eine eigentümliche Verzauberung durch das Nahe und Nächste – Musils »taghelle Mystik« vielleicht? – den hektischen Konsum von Schnelligkeit, Ferne, Zerstreuung abgelöst. Die Menschen hier haben wieder ein Ohr für das früher im Lärm Überhörte, sie haben ein Auge für einst fahrig Übersehenes. Sie denken nicht mehr nur zweckgerichtet und schnell, sie denken *nach,* und dieses *Nach*-Denken verlangsamt alle Aktivitäten, dafür macht es die Seele leicht, den Geist behutsam und führt zu Handlungs- und Lebensweisen, die unserem Allernächsten, nämlich dem eigenen Körper, gerecht werden. Der Unterricht in den Schulen ist darauf ausgerichtet, anstatt totes Wissen einzutrichtern, das Sehen, Hören, die sinnlichen und geistigen Fähigkeiten der

Kinder so zu entwickeln, daß sie in einem qualifizierten Sinne wahr-nehmen, nach-denken, teil-nehmen können. Dadurch lernen es die Menschen allmählich, ihre Aufmerksamkeit dem zuzuwenden, auf das zu sammeln, was so unterschiedliche Denker wie Ernst Bloch und Martin Heidegger immer wieder beschäftigt hat: auf das Geheimnis des Nächstliegenden. Bloch schrieb: »Nicht das Fernste also, sondern das Nächste ist noch völlig dunkel und ebendeshalb, weil es das Nächste, das Immanenteste ist; in diesem Nächsten steckt der Knoten des Daseinsrätsels.« Und Martin Heidegger: »Was es (sc. unser Weltalter) dem Denken zu denken gibt, ist nicht irgendein tief versteckter Hintersinn, sondern etwas Naheliegendes, das Nächstliegende, was wir, weil es nur dieses ist, darum ständig schon übergangen haben.« In der Friedensstadt meines Traums kommt das beziehungsweise der von Bloch wie Heidegger angesprochene Nächste zum Leuchten, er wird zu einem Abenteuer der Erkenntnis, der Kommunikation, die jene freundschaftliche Liebe wachsen und reifen läßt, »die ausgesprochen eucharistisch ist, ein gegenseitiges Akzeptieren ihrer (sc. der Freunde) Naturen von den Höhen bis zu den Tiefen« (Alan W. Watts).

Heimat der Versöhnung

Doch wo bleiben in meinem Wachtraum von der Stadt des Friedens und der Freundschaft Staat und Wirtschaft? Sie erscheinen höchstens mittelbar, zum Beispiel im Umstand, daß es keine sozialen Unterschiede, deshalb auch keine Repression gibt. Kleinlaut muß ich feststellen, daß mein Traum keine Rezepte liefert für eine soziale oder staatliche Organisation. Die Erwartung, daß eine bestimmte Gesellschafts- und Staatsform den neuen Menschen des Friedens erzeugen werde, hat keine Wurzeln in meinem Traum. Nicht durch Institutionen, sondern durch Erfahrungen mit anderen Menschen werden wir zum Frieden erzogen und geformt. Eine mögliche Entwicklung zum Besseren verläuft auch hier nicht von oben nach unten, sondern von unten nach oben. Je mehr Menschen ihre Friedensträume ernst nehmen, im Umgang miteinander Friedenserfahrungen machen und bewußt Frieden einüben, desto eher wird sich allmählich auch die Gesellschaft verändern. Als erstes ist deshalb eine Gesellschafts- und Staatsform anzustreben, die veränderungsfähig ist. Man könnte sagen, daß der Traum vom Frieden auf eine offene Gesellschaft gerichtet ist. Durch Ideologie oder angebliche Sachzwänge determinierte und deshalb erstarrte Gesellschaftssysteme stehen dem Traum vom Frieden entgegen, ihre Unveränderbarkeit erstickt ihn.

Friedenshindernis ist jede unkontrollierte oder nicht kontrollierbare Herrschaft, gleichgültig, ob sie von Funktionären oder vom Großkapital ausgeübt wird. Je größer die Machtkonzentration, desto kleiner ihre Kontrollierbarkeit. Deshalb träume ich kühnerdings den Zerfall aller großen und größeren Staaten. Der Weltstaat? Für mich ein Alptraum, das Orwellsche »1984«! Eine Schranke gegen den Zentralismus und die Gigantomanie der Politiker, Technokraten, Ökonomen kann einzig widerborstige und überschaubare »Kleinstaaterei« bilden. Nicht einmal von einem Vereinigten Europa kann ich mir viel Gutes erhoffen, wenn es über das »Europa der Vaterländer« von de Gaulle hinausgeht – und schon diese Vaterländer sind oft zu groß, wenn man zum Beispiel an die zentralistische Vergewaltigung der französischen Provinzen denkt. Die Stadt des Friedens kann kein Groß-Staat sein! Mein Traum vom Frieden ist zutiefst föderalistisch, er hofft entgegen aller Verschmelzungswonne und Großraumtechnokratie hinaus auf die Auflösung der großen Staaten in kleinere Regionen und Provinzen. Jede derartige Autonomiebestrebung hat meine Sympathie. Mein Herz hüpfte vor Freude, als ein sowjetischer Gast, dem ich sagte »Sie als Russe...«, sofort protestierte: »Ich bin nicht Russe, ich bin Ukrainer.«

Utopie? Gewiß. Und erst recht, weil andererseits die Entwicklung der Wirtschaft auf große Monopole hin (multinationale Konzerne) einen starken Staat verlangt, der sich gegebenenfalls gegen diese Monopole zu behaupten weiß. Als Bürger eines kleinen Landes sehe ich mit Besorgnis, wie unser Staat mehr und mehr zum Dienstleistungsbetrieb einer Finanz- und Wirtschaftsoligarchie wird, die von niemandem mehr kontrolliert werden kann. Im Gegenteil: Es ist die Finanz- und Wirtschaftsoligarchie, die den Staat kontrolliert.

Muß aber ein kleiner Staat notwendigerweise ein den Wirtschaftsmächten gegenüber schwacher Staat sein? Vermag nur ein Groß-Staat sich gegen Groß-Kapital und Groß-Ökonomie zu behaupten? Wenn dem so wäre, so müßte die Entwicklung zu Groß-Staaten, Super-Staaten, gar zu einem Welt-Staat unvermeidlich sein. Die Konzentration aller Macht in wenigen Händen wäre unabwendbar. Mit einem Frieden, wie ich ihn träume, hätte das wenig mehr zu tun. Ich wage sogar die Behauptung, daß dies auch mit dem biblischen »Schalom« wenig mehr zu tun hätte. Ist es Zufall, daß der biblische Vorstellungskreis des »Schalom« ebenfalls in der Mitte eines kleinen Volkes, eines »Völkleins« (Walter Lüthi), gewachsen ist? Sowohl das Alte wie das Neue Testament sind, politisch betrachtet, Dokumente einer Kleinstaatgeschichte mit ihren Leiden und Freuden. Wohl darum wird hier der Groß-Staat nie als mögliche Lösung, als realistische Gestalt des Friedens ins Auge gefaßt. Die Stärke eines Volkes ist nicht eine Funktion seiner Größe (eher dürfte das Gegenteil der Fall sein). Die Stärke eine Volkes gründet – biblisch gesprochen – in seinem Glauben an Gott und, daraus folgend, in seinem Rechtsgefühl, in seiner Fähigkeit zur individuellen und sozialen Nächstenliebe. Ein Volk, das auf diese Weise, nämlich in seinen Angehörigen, stark ist, könnte auch in der Konfrontation mit großen Wirtschaftsmächten klar, entschieden denken und handeln und die ausufernde Macht der Monopole in Schranken halten. Das setzt ein entwickeltes soziales Bewußtsein voraus, das man sozialistisch nennen kann, wenn darunter nicht zentralistischer Staatssozialismus verstanden wird. Mein Traum vom Frieden hat libertär-sozialistische Züge, nährt sich von der Hoffnung auf einen föderativen oder föderalistischen Sozialismus. In ihm, so scheint mir, könnte sich der einzelne am freiesten entfalten, weil Freiheit nicht sozialdarwinistisch, sondern durch die Freiheit der anderen bestimmt sein würde, wobei diese Begrenzung neue Bereicherung einbrächte, denn in der Freiheit des anderen entdecken wir diesen selbst.

Ein Traum – gewiß! Träume sind jedoch spontane Bilder tiefster Bedürfnisse, Wünsche, Hoffnungen. Eine gesellschaftliche und politische Praxis, die sie andauernd übersieht, übergeht, wird zwangsläufig repressiv werden. Darum fordern Träume, die ein Ziel, nicht aber Wege dazu zeigen, unser Denken und Handeln heraus. Die christlichen Einwände gegen Träume, auch gegen Wachträume, gründen in der Einsicht, daß eben Bilder, nicht jedoch unmißverständliche Weisungen, Anweisungen geträumt werden; darum dann Tadelwörter wie »Gaukelbilder«, »Trugbilder«. Es ist so: Traum ist nicht Denken, ist erst recht nicht Handeln. Träume, aus denen sich kein Denken, kein Handeln entwickelt, bleiben tatsächlich Gaukelei und Trug. Andererseits aber wird ein Denken und Handeln, das an den menschlichen Träumen vorbeigeht, ihnen sogar zuwiderläuft, früher oder später zur psychischen Verkrüppelung, zur Neurotisierung führen. »Wir müssen die Träume besiegen. Müssen über das Imaginäre triumphieren, um das Reale lieben zu können, und über das Reale, um das Imaginäre verstehen zu können« (J. M. G. Le Clézio).

Der Traum vom Frieden läßt die Realität des Unfriedens hinter sich, er antizipiert Vergebung, Versöhnung, wie sie in der Stadt der Freundschaft als Geistesklima erlebbar werden. In der Realität des Unfriedens hält der Traum vom Frieden mit der Hoffnung den Willen wach, heute und hier im Umkreis der persönlichen Verantwortlichkeit Vergebung, Versöhnung einzuüben. Ohne Vergebung der Schuld, ohne Versöhnung führt kein Weg vom Traum in die Wirklichkeit, von der Wirklichkeit zur Realisierung des Traums. Darum werden wir durch den Gott Jesu auf einen Weg gebracht, an dessen Anfang die Vergebung unserer Schuld steht. Wir träumen vom Frieden, wir suchen ihn (weil wir selber nicht Friede *sind*), wir kämpfen für den Frieden (weil wir ihn nicht haben) – er aber, Christus Jesus, »*ist* unser Friede« (Epheser 2,14), weil er Vergebung, Versöhnung sowohl ist wie bewirkt. Seine Existenz und Botschaft verweben unzerreißbare Fäden der Zukunft in die Realität des gekreuzigten Friedens. Seine Existenz und Botschaft durchweben ebenso meinen Traum vom Frieden mit Fäden der jetzigen Wirklichkeit, weshalb meine geträumte Stadt des Friedens und der Freundschaft nicht in triumphaler Jenseitigkeit aufleuchtet, sondern als Diesseits in vertrauter Alltäglichkeit, als Heimat sozusagen.

Auch ich zweifle oft an meinem Traum. Was ich hier niedergeschrieben habe, ist ein Plädoyer für meinen Traum gegen meine Zweifel. Darum notiere ich abschließend einen Satz, den Ernst Jünger eine seiner Figuren im kuriosen Buch »Eumeswil« sagen läßt: »Wir scheitern nicht an unseren Träumen, sondern daran, daß wir nicht stark genug geträumt haben.«

Warum ich Christ bin

Dem Umstand, daß ich eingeladen werde, mich zum Thema »Warum ich Christ bin« zu äußern, entnehme ich, daß die Einladenden mich offenbar für einen Christen halten. Das ist verzeihlich. Schließlich bin ich Pfarrer, stehe im Dienst einer evangelisch-reformierten Landeskirche und habe in meinen Publikationen nie ein Hehl daraus gemacht, daß Jesus und seine Botschaft für mich eine Herausforderung sind.

Dennoch ist es mir peinlich, mit schlechtweg allen, die Christen zu sein behaupten, in einem Atemzug genannt oder in den gleichen weltanschaulichen Topf geworfen zu werden. Diese Peinlichkeit wird allerdings dadurch gemildert und korrigiert, daß manche, die bessere Christen sind als ich, mir ihrerseits vorhalten, kein »richtiger« Christ, eher ein bedenklicher Unchrist zu sein, Predigttalar hin oder her. Und wer weiß? Kierkegaard hat die Annahme, daß ein Pfarrer eo ipso Christ, sogar Inbegriff des Christlichen sei, mit evangelischen Gründen und unerbittlichem Hohn bestritten. Wäre dann also Kierkegaard ein »wahrer« Christ gewesen oder hätte zum mindesten die »richtige« Vorstellung davon gehabt, wie ein Christ sein muß? Gibt es »den« Christen überhaupt?

Wie auch immer: in meiner Innensicht bin ich wohl weniger »Christ« als das von außen her scheinen mag. Für einen Menschen aber, der durch Jesus und seine Botschaft herausgefordert, ins Unrecht gesetzt, mit Fragen behelligt, zum Leben ermutigt wird, halte ich mich allerdings.

Wieso aber ist für mich gerade Jesus zu diesem Herausforderer geworden? Wieso nicht Mohammed, die Bhagavad-Gita, Buddha, Lao-Tse?

Das danke ich dem Zufall meiner Geburt inmitten Europas, inmitten eines Kulturkreises, dessen Traditionen durch vielfältige Brechungen und Verformungen hindurch doch immer auch Vermittlungen biblischer Erzählungen, der Gestalt und der Botschaft Jesu gewesen sind! Mohammed, der Nach-Christ, der Nachbar der Christen, interessiert mich; Buddha mutet mich fremder an (doch weshalb waren und sind Buddhisten seit eh gewaltloser als die Anhänger des doch auch mit Entschiedenheit gewaltlosen Jesus?); die Bhagavad-Gita ist mir ein unentdeckter Kontinent, der eben deswegen latente Neugier wachhält; Lao-Tse, dessen Tao-Te-King ich kürzlich las, überrascht mich, weil ich in vielem, was er vom »Tao« sagt, Gedanken und Vorstellungen entdecke, die meinen versuchsweisen Gottesvorstellungen entgegenkommen. Nein, ich glaube an keine exklusive Absolutheit und Überlegenheit der einen Religion über die anderen. Erst recht halte ich nichts vom Absolutheitsanspruch des »Christentums«, der wohl doch ein ideologisches Relikt des europäischen Imperialismus ist – oder dann ethnozentrische Arroganz.

Daß gerade Jesus mein Herausforderer geworden ist, hängt damit zusammen, daß die Geschichte, in die ich nun einmal hineingeboren bin, ihn mir als solchen vermittelt. Das schließt nicht aus, daß Mohammed, Bhagavad-Gita, Buddha, Lao-Tse usw. ebenfalls Herausforderungen sind oder noch werden können – für mich persönlich, für die Christenheit insgesamt. Aber es sind Herausforderungen durch »ein Anderes«, von außen her. Jesus hingegen ist Herausforderung aus dem »Eigenen«, d. h. aus der gewiß oft nur behaupteten und beanspruchten, historisch aber nicht wegzuleugnenden »Christlichkeit« der eigenen Überlieferung.

Könnte ich beliebig wählen, durch wen ich herausgefordert sein möchte, so hörte die Herausforderung auf, eine solche zu sein. Ich würde einfach eine Wahl treffen, Lao-Tse oder Sufismus zum Beispiel, doch bliebe diese Wahl soziokulturell unvermittelt, wäre so etwas wie privatistische Willkür in einem geschichtslosen Raum und darum auch – für mich nicht unwichtig – ein Exotismus im Verhältnis zur Sprache, die mein Denken und das der Menschen um mich herum bisher geformt hat und immer noch formt.

Daß ich in ein bestimmtes Land, in eine bestimmte Sprache, in eine Tradition des Denkens und Handelns hineingeboren worden bin, heißt doch wohl: ich habe das fortzusetzen, weiterzuentwickeln, was da war in denen, die zuvor lebten in dieser Weltgegend, die sich »christlich« nannte und mir tatsächlich die Möglichkeiten, Gefahren, Irrtümer des historischen Komplexes »Christentum« hinterlassen hat, unter dem, so glaube ich, die Botschaft Jesu weiterglimmt, nach bald 2000 Jahren noch immer ein uneingelöstes Versprechen und eine aktuelle Warnung. Diesen Jesus habe ich mir nicht ausgesucht.

In der Frühzeit meiner Entwicklung habe ich mich ihm vehement zu entziehen versucht. Dennoch fiel er mir schließlich zu, fiel mich an in der Konsequenz jenes Zu-Falls, durch den ich in das historische »Christentum« hineingeboren, hineingestellt worden bin. Jesu Zu- oder An-Fall widerfuhr mir – nicht plötzlich, aber allmählich und sehr bestimmt – in jenen Jahren, als das »christliche Abendland« sich selbst ad absurdum führte und das Bibelvolk der Juden aus seiner Mitte vertilgte.

Welch anderer Art wären Herausforderung und Zumutung gewesen, wäre ich als Jude, Moslem, Hindu, Buddhist zur Welt gekommen? Keine Ahnung. Die Frage ist unbeantwortbar, tauglich bestenfalls als Gedankenübung mit dem Zweck, Juden, Moslems, Hindus, Buddhisten usw., die durch eine entsprechend andere Tradition herausgefordert sind, so ernst zu nehmen wie mich selbst oder meine Mit- und Gegenchristen.

Weshalb nenne ich als Alternativmöglichkeiten nur die religiösen? Weshalb nicht den Atheismus? *Die* europäische Alternative, der spezifisch europäische Beitrag zur globalen Geistes- und Religionsgeschichte ist zweifelsohne der Atheismus, die Negation Gottes.

Nicht atheistisch denken zu können, ist eine meiner Schwächen. Eine Schwäche deshalb, weil sie mich der Möglichkeit beraubt, mit dem Argument aufzutrumpfen: »Auch ich war einst Atheist – aber Gott hat mich überzeugt« (oder so ähnlich). Das Eingeständnis, nicht atheistisch denken zu können, verrät wahrscheinlich eine bestimmte psychische Struktur, mehr kann es – und das eben muß ich als Schwäche bezeichnen – nicht beweisen. Meine Versuche, den Atheismus nachzuvollziehen, sind nie über E. M. Ciorans Satz hinausgediehen: »Gott ist, sogar wenn er nicht ist.«

Für Schmähungen und Beleidigungen Gottes, für Lästerungen, Blasphemie bin ich anfällig. Aber das ist noch lange nicht Atheismus, vielmehr sein Gegenteil. Schmähung, Lästerung verraten, daß wir vom Geschmähten, Gelästerten nicht loszukommen vermögen. Oft will mir scheinen, manche Atheismen seien von dieser unechten Art, seien religiös nicht abgenabelt, weshalb sie alsbald Opfer säkular-flacher Religionen und Gottheiten werden. Sind wir am Ende noch nicht in der Lage, dessen gewahr zu werden, was Atheismus wirklich ist? Dabei ist seit langem die gesellschaftliche Praxis – auch im »christlichen« Europa – atheistisch. Werden uns erst die *Früchte* dieser Praxis zeigen, was Atheismus in Wahrheit ist und bewirkt? Jedenfalls: Atheismus ist für mich etwas noch unnennbar anderes als das, was ich bisher an Atheismus und Atheisten kennengelernt habe.

Vielleicht bin ich Christ, weil ich für mich und insgeheim für uns alle, die wir historisch im Bereich des »Christentums« leben, keine Alternative sehe zur Herausforderung, die Jesus Christus heißt. Liberalismus? Konservatismus? Existentialismus? Sozialismus? Szientismus? Gut und schön! Oft auch: ungut, unschön – wie der geschichtliche Koloß »Christentum« ebenfalls. Mir kommt es vor, als seien diese Weltanschauungen, Philosophien, Sozialsysteme, inklusive »Christentum«, bestenfalls Bruchstücke, Handlungsprovisorien (weil eben *jetzt* entschieden, *jetzt* gehandelt werden muß), aber noch keineswegs das, was unseren tiefsten Bedürfnissen und Möglichkeiten entspricht. Der Gedanke, daß wir mit unseren fragmentarischen Erkenntnissen, mit unserem provisorischen Handeln im Begriff sein könnten, eine irreversible Weltzerstörung anzurichten, erfüllt mich mit Angst. In dieser Angst, die nicht nur die meine ist, lassen mich Liberalismen, Sozialismen, Christentümer – zu schweigen vom Szientismus – erst recht allein, bringt mich ihr forcierter Optimismus erst recht zur Verzweiflung, all diese Selbstbeschwichtigungen des »homo abyssus occidentalis« (Wystan Hugh Auden). Auf einmal scheinen mir die einst ungeliebten, übergangenen apokalyptischen Texte der Bibel realistischer, radikaler, darum hilfreicher zu sein. Auf einmal geht von der

Angst Jesu – um die Welt, um Gott in der Welt, um uns Menschen, verdichtet in seiner Angst nachts in Gethsemane, dann am Kreuz – etwas wie brüderliche Solidarität aus: Ich bin nicht mehr allein.

»Er ist die Wahrheit.
Suche Ihn im Königreich der Angst.
Du wirst zu einer großen Stadt kommen,
die deine Rückkehr erwartet
seit Jahren.« *Wystan Hugh Auden*

Täusche ich mich, wenn ich in manchen Äußerungen Jesu einen Pessimismus glaube feststellen zu können, der sich nichts abmarkten lassen will, auch nicht durch ein angepaßtes »Christentum«, das seine Botschaft auf Optimismus frisiert? Noch weniger hat dieser »Pessimismus« des Nazareners etwas zu schaffen mit einer Gerichtspredigt, die darauf ausgeht, ohnehin schon geängstigte, bedrängte, frustrierte Seelen noch kleinmütiger, noch zahmer, noch gefügiger zu machen. Vielleicht ist »Pessimismus« ein unzulängliches, ein zu schwaches Wort für das, was Auden mit der Metapher vom »Königreich der Angst« meint. Vielleicht sollte man sagen: hier war einer durch den Zustand der Welt zutiefst getroffen und verletzt, lange bevor es ihn persönlich traf, bevor er selber körperlich verletzt und physisch getötet wurde. Dennoch hat er sich keine »harte Haut« wachsen lassen. Selbst der Auferstandene habe seine Wundmale gezeigt (Johannes 20,20), die Zeichen seiner Verletzbarkeit, seiner tödlichen Verletztheit. Sie sind, sie bleiben sein Identitätsmerkmal. Sie bezeugen, daß es schrecklich ist, in die Hände lebendiger Menschen zu fallen, am schrecklichsten für den, der, wie Jesus, eine

Vision von den guten und heilvollen Möglichkeiten des Menschen hat.

Das Evangeliums-Stichwort für diese Vision heißt »Reich Gottes«, wörtlich genau »Königreich Gottes« – der Gegenbegriff also zum »Königreich der Angst«, dessen Bürger wir sind. Daß wir uns eine »harte Haut« wachsen lassen (es geht nicht anders, wir brauchen Selbstschutz), droht faktisch immer schon eine Option für das »Königreich der Angst« und gegen das »Königreich Gottes« zu sein: Wir unterliegen dem Zwang zur Anpassung, der Verführung zur Resignation und zum Zynismus. Der »Pessimismus« Jesu dagegen ist – o Wunder! – rein geblieben von Bitterkeit, von galligem Zynismus. Wie soll ich mir das erklären? Mir scheint, hier hat sich einer seine Getroffenheit und Verletzlichkeit ebenso unnachgiebig bewahrt wie gleichzeitig seinen Glauben an die dennoch offene Möglichkeit des ganz andern. Hier hält einer es durch, die Katastrophe kommen zu sehen und dennoch das kommende Reich Gottes auszurufen. Als Theologe kann man diesen scheinbaren Widerspruch ganz hübsch auf Begriffe bringen. Wie aber vollzieht man eine solche Haltung existentiell nach? Das ist die Frage, ist die Herausforderung des Nazareners für mich in einer Zeit, wo unvorstellbare Katastrophen (nach Max Frisch die »Apokalypse der Sachzwänge«) auf uns zukommen, schon längst im Gang sind – Katastrophen, deren Perfidie darin besteht, unabwendbar und doch nicht notwendig zu sein: auch das wiederum ein Widerspruch, der einen verrückt machen kann, der uns mindestens – weil der Selbstschutzmechanismus der »harten Haut« auch vor dem Verrückt-Werden schützt – mit Angst, mit resignierendem Pessimismus, mit Zynismus erfüllt. In dieser Situation helfen mir Liberalismus,

Konservativismus, Existentialismus, Sozialismus und alle anderen -ismen wenig. Ich schaue unsicher, fragend auf den Mann aus Nazareth, den Verletzlichen und Unnachgiebigen, der sich weder von dem, was ich behelfsmäßig »Pessimismus« nannte, noch von seiner Hoffnung auf Gottes schöpferischen Widerspruch zur Katastrophenwelt etwas hat abmarkten lassen.

Die Botschaft Jesu, soweit ich sie zu verstehen vermag, scheint mir einem harten Realismus (was den Jetzt-Zustand der Welt betrifft) und einer hartnäckigen Hoffnung (was den Einst-Zustand, das kommende Reich Gottes, angeht) zu entspringen. Das Groteske an der Sache ist nun aber, daß ich – zusammen mit andern freilich, in der Gemeinschaft der Gläubigen – dazu motiviert werden soll, den Weg vom Jetzt ins Einst tatsächlich auch zu gehen. Mir wird zugemutet, mein Denken und Leben anstatt adaptiv nach dem Jetzt-Zustand antizipativ nach dem Einst-Zustand auszurichten. Eine glatte Über-Forderung selbst meiner besten Fähigkeiten! Doch gerade weil ich ihr nicht gewachsen bin, nie gewachsen sein werde, läßt sie mich nicht los. So gewiß diese Herausforderung auf andere Sozialstrukturen zielt, so aufsässig gilt sie doch *mir* persönlich, mir bereits *hier und jetzt* inmitten der heutigen Sozialstrukturen mit ihrem Katastrophengefälle. Der Sozialdarwinismus unserer Gesellschaft dispensiert mich nicht vom Gebot, gegenläufig zu leben, meine Nächsten (nicht zu verdrängen, zu beherrschen, auszubeuten, sondern) zu lieben – unter Einschluß derer, die mir ebenfalls Nächste geworden sind durch ihre Feindschaft. Der herrschende Mammonismus, der zur Besitzmehrung zwingt, weil allein Besitz Freiheit verschafft, dispensiert mich nicht von der Forderung, meinen Besitz zu teilen. Die heutige Gewaltgläubigkeit, die unsere Welt in harte oder sanfte Archipels Gulag verwandelt, in das »1984« des George Orwell (der, was heute gerne verschwiegen wird, Anarchist war), dispensiert mich nicht vom Gebot, der Gewalt ohne Gewalt zu widerstehen (d.h. zu leiden), auf Gewalt in all ihren privaten und strukturellen Formen zu verzichten.

Wie werde ich mit so radikalen Zumutungen fertig? Ich werde nicht fertig mit ihnen. Die Herausforderung bleibt. Sie macht mich zum Christen, zu einem, der nicht fertig werden kann mit dem, was ihm zugemutet und in der Zumutung angeboten wird.

Erst nach und nach glaube ich dahintergekommen zu sein, worin das zentrale Skandalon, die entscheidende Herausforderung Jesu besteht. Ich soll glauben, daß Gott Liebe ist (1. Johannes 4,8)! Wohin ich aber blicke, wohin ich mich begebe, herrscht nicht Liebe, sondern Kampf aller gegen alle. So ist es im Pflanzen- und Tierreich, erst recht unter den Menschen. »Es gibt auf der Welt keine andere Kraft als die Gewalt«, schrieb Simone Weil, deshalb ist »Geschichte der Ort eines darwinistischen Prozesses, der noch unerbittlicher ist als derjenige, der das tierische und pflanzliche Leben regiert.« Heute erkennen wir, daß der soziale Darwinismus, anders als der natürliche, schließlich auch die in der Selektion Starken, Siegreichen zu zerstören droht. Manche sagen deshalb, Gott – *der* Gott, der Liebe ist! – sei tot. Und es stimmt auch: er ist getötet, ist gekreuzigt worden. Gott ist die gekreuzigte Liebe. Als gekreuzigte Liebe ist er unter uns, neben uns, gegen mich, mit mir. E. M. Ciorans Satz »Gott ist, sogar wenn er nicht ist« gewinnt in diesem Zusammenhang eine noch tiefere Bedeutung, besagt sub specie crucifixi etwa: Gott ist anwesend, sogar wenn er beseitigt ist, oder auch: Gott lebt, aber als der von uns Abgewiesene, Ausgewiesene. Das tönt – wie mir peinlich bewußt wird – nach Paradoxon, nach Wort- und Gedankenakrobatik. Aber es sind hilflose Formulierungsversuche dessen, was man Transzendenz nennen könnte. Für mich steht fest, daß Gottes Transzendenz nicht metaphysischer Art ist, nicht auf irgendein Jenseits verweist, sondern daß sie genau das meint, was der Drei-Wörter-Satz aussagt: »Gott ist Liebe.«

Ich bin Christ (geblieben, erst recht geworden), weil mich der Gekreuzigte erlöst vom Alptraum eines metaphysischen Gottesgötzen, der Allmacht heißt und angeblich ein Über-Mensch, Über-Herrscher, Über-Ich, Über-Wir sein soll. Was kann ich mit einem solchen Über-Gott zu schaffen haben? Nichts, überhaupt nichts. Seine Über-Natur, seine Über-Geschichte gehen mich nichts an, lassen mich kalt. Mehr noch: dieser Über-Gott mit seiner Allmacht erregt meine Abscheu. Er ist ein Tyrann. Tyrannen aber muß man stürzen, darf nie ihr Komplize werden. Darum hat Karl Barth den für mich erleuchtenden Satz geprägt: »Der ›Allmächtige‹, das ist das Chaos, das Übel, das ist der Teufel ... Dieser Rauschgedanke der Macht, das ist das Chaos, das Tohuwabohu, das Gott in seiner Schöpfung hinter sich gelassen hat, das er nicht gewollt hat, als er den Himmel und die Erde schuf.« Ebenso Kornelis Heiko Miskotte: »Wer ... von Gottes Allmacht spricht, kann den Gehalt des Wortes nicht zu Ende denken, ohne sich in die Vorstellung einer leeren, monströsen Tyrannis zu verwirren.«

In diesem Zusammenhang muß ich die Bemerkung einschieben, daß ich wohl wesentlich auch deshalb Christ geblieben, erst recht geworden bin, weil ich als Theologe in der Schule der Theologie habe bleiben können, die in ihren inspirativsten Vertretern (neben Barth, Miskotte z. B. auch Dorothee Sölle, Eberhard Jüngel u. a.) den metaphysischen Gottesgötzen mit Entschiedenheit destruiert und Gott christologisch, d. h. von Jesus her, unter dem Aspekt der gekreuzigten Liebe, zu verstehen versucht. Wie, wenn ich nicht Theologe, nicht im Kontakt mit der Theologie wäre? Ich stelle mir diese hypothetische Frage mit Unbehagen, wenn ich mir vergegenwärtige, wie wenig theologische Erkenntnisse in der kirchlichen Verkündigung und Praxis durchschlagen, wie gängig hier die Vorstellung des allmächtigen Gottesgötzen immer noch ist. Als theologieferner Laien-Christ hätte ich vermutlich dem, was noch unentwegt als christliche Gottesvorstellung ausgegeben wird, längst den Abschied gegeben. Dabei bezeugt die charakteristische Ausprägung der christlichen Gottesvorstellung, nämlich die Lehre von der Dreieinigkeit, schon seit jeher einen Gott, der seinem Wesen nach nicht Über-Macht, nicht Autokratie und Tyrannis, sondern Gespräch, Begegnung, Gemeinschaft, also Liebe ist. Trotzdem hat das historische Christentum, wahrscheinlich den Denkzwängen seiner Weltanpassung folgend, Gott immer wieder primär als Macht und erst sekundär als Liebe verkündet. Darum beginnt z. B. die schweizerische Bundesverfassung (das Grundgesetz) feierlich mit dem Satz: »Im Namen Gottes, des Allmächtigen.« Ist dieser Gott aber, dessen *Wesen* Macht und Allmacht ist, dem Liebe nur als eine seiner verschiedenen Eigenschaften zugeschrieben wird, der Gott *Jesu*? Ich behaupte: nein, er ist das soziomorphe Abziehbild irdischer Herrschaftsformen. Mag er auch als König über das Jenseits mit seinen sieben Himmeln gedacht werden, transzendent ist er gerade nicht – nicht *so*! Transzendent ist allein *der* Gott, dessen Wesen und dessen Allmacht

Liebe – und nichts sonst – ist. Der zulänglichste Versuch, *diese* Transzendenz zu denken, scheint mir die Lehre der Dreieinigkeit zu sein, die, verglichen mit den Gottesvorstellungen anderer Religionen, das unterscheidend Christliche ist. Die Herausforderung Jesu besteht darin, daß er, ohne soziomorphe Zugeständnisse, deshalb im Widerspruch zur Jetzt-Welt, deshalb gekreuzigt, Gott als Liebe verkündet und gelebt hat. Jesus ist »das Ebenbild des unsichtbaren Gottes« (Kolosser 1,15) und als solches gerade nicht Symbol von Macht, sondern Bild der Ohnmacht. In einer Welt, in der bisher nur Macht und Gewalt zählten, kann Liebe nicht anders erscheinen als ohne Macht, um die ihr eigene – d. h. im Vergleich zu den uns gewohnten Machtformen transzendente – Macht entfalten zu können.

Eine Herausforderung, die mir in dieser Gestalt der gekreuzigten Liebe Gottes nahe kommt, mir zu nahe tritt, mich dazu drängt – wie könnte es anders sein –, ihr nachzuleben! Und damit beginnen Schwierigkeiten, die oft unüberwindbar sind, die mich in Unruhe halten, von Niederlage zu Niederlage, von Schande zu Schande, von Ohnmacht zu Ohnmacht. Man verschreibt sich nicht ohne Folgen einem Gekreuzigten. Nicht ohne Folgen? Zu ihnen gehören aber auch – und für mich vor allem anderen – Erfahrungen von Befreiung. Macht erzwingt ja immer Unterwerfung, damit Verstellung, oft Komplizenschaft. Liebe dagegen, die mir ohne Machtdrohung begegnet, löst und öffnet, macht mich unbefangener, ehrlicher, »stellt mich auf«, macht mich frei für die andern. Ich darf sein, kann mich geben, wie ich bin, weil ich, wenn nicht von den Menschen schlechthin, so doch von der Liebe schlechthin, von Gott, akzeptiert bin. Gewiß, nach wie vor erzwingen Mächte und Sachzwänge meine Unterwerfung oder Anpassung, meine Verstellung, ja Komplizenschaft. Zu diesen Mächten, Sachzwängen gehört auch die Institution Kirche. Ich klage sie deswegen nicht an. Jede Institution, in der wir tätig sind, ist Machtgefüge, Machtzwang, der uns unumgängliche Anpassungen, taktische Verstellungen oder Komplizenschaft aufnötigt.

Im Zeichen der gekreuzigten Liebe lehrt Hoffnung realistisch sein (wie umgekehrt Realismus auf Hoffnung gerichtet bleibt). Gott aber ist keine Institution, keine Zwangsmacht (Ludwig Strauß: »Daß Gott uns nicht zwingt, das ist seine Härte«), sein *Bild* bleibt der Gekreuzigte, also Machtlose, sein *Wesen* ist Liebe. Darum motiviert er mich zur Gelassenheit in unvermeidbaren Anpassungen, nicht weniger aber zur Kritik, gegebenenfalls zur Auflehnung, wenn offene oder versteckte Machtansprüche für mich oder andere unerträglich, oft auch nur zu frech werden.

Ich bin Christ, weil ich frei werde in diesem Glauben, wo Wörter wie »Gnade«, »Vergebung der Schuld«, »Versöhnung«, »Liebe« trotz allem noch etwas bedeuten.

Ich würde mich unfrei fühlen in einem Konservativismus, der diese Wörter bloß paternalistisch gebrauchen kann, weil er Gottes Wesen in erster Linie doch als Macht und Allmacht versteht.

Ich fühle mich unfrei im Kapitalismus, weil dieser überhaupt kein Verhältnis hat (haben kann!) zu einem Gott, dessen einzige Macht die der Liebe ist.

Kapitalistischem Erfolgszwang, Erfolgsglauben stellte Martin Buber die Behauptung entgegen: »Der Erfolg ist keiner der Namen Gottes.« Das könnte auch vom Gekreuzigten her gesagt werden. Der Kapitalismus spiegelt sich ebenfalls eher in jenem Gott, der Macht/Allmacht ist. Darin trifft er sich mit dem Konservativismus, so daß es nicht verwundern kann, wenn das Grundgesetz meines kapitalistisch-konservativen Landes eben anhebt »Im Namen Gottes, des *Allmächtigen*«.

Ich vermute, daß dem christlichen Glauben (an den dreieinigen Gott, an den Gekreuzigten) eine demokratisch-sozialistische Praxis mit föderalistisch-libertärer Tendenz gesellschaftspolitisch am besten entsprechen würde. Gerade deswegen werden mir sozialistische »Gerechtigkeit« und »Solidarität« unheimlich, sobald aus ihnen das Wasserzeichen des Gekreuzigten getilgt ist. Muß ein solcher Sozialismus, für den dann auch Wörter wie »Gnade«, »Vergebung«, »Liebe«, »Gott als Liebe« bourgeoise Überbau-Vokabeln sind, nicht notwendigerweise einer intoleranten Gesetzlichkeit verfallen, die ihrerseits Freiheit abblockt, Ketzer verfolgt, Kreuze aufrichtet und sich damit auf säkularisierte Weise doch wieder dem Gottesgötzen der Macht und seiner bürokratisch-ideologischen Priesterschaft unterwirft?

Die Kirche ist gewiß nicht »besser« als die jeweilige Gesellschaft, in der sie lebt und deren Machtglauben, deren Krankheiten, vor allem auch deren Schuld sie teilt. Bestenfalls ist die unterscheidende Tugend der Kirche die, daß in ihr von *Schuld* gesprochen werden kann, daß davon vom Gekreuzigten her gesprochen werden *muß*, weshalb sich hier dann doch immer wieder Gewissen bilden und Vergebung ereignen kann.

Ich glaube, daß ich deswegen Christ bin, weil ich durch einzelne Christen erfahren habe und noch immer erfahre, was Vergebung ist. In ihr ist mir die schöpferische Herausforderung Jesu konkret begegnet. Vergebung befreit und verändert: mich, den andern und unsere Beziehung zueinander. Vergebung setzt frei, wo Gefangenschaft war. Sie schafft eine Solidarität, die auch unsere dunklen, gefährlichen Seiten mitträgt. Dadurch wird sie zu einer Quelle von Freundschaft und Liebe. Inmitten von Fatalismen und Sachzwängen ist Vergebung ein Akt der Freiheit und der Befreiung, der mich als Bürger im »Königreich der Angst« zu neuer Hoffnung, zu neuen Schritten motiviert auf das von Jesus angesagte Reich jenes Gottes zu, der Liebe, Freundschaft, Brüderlichkeit ist. »*Unser* Glaube *ist* die Auferstehung von Toten« – dieser Satz Tertullians umschreibt in etwa meine eigenen Erfahrungen, die ich andern Christen und ihrer Vergebung, Freundschaft, Liebe verdanke. Durch die Erfahrung mit ihnen bleibe ich geprägt und herausgefordert.

Trauer, unverdrängt

Trauernde weinen verschämt. Oder schluchzen still in sich hinein. Trauer wird als peinlich empfunden, von den Trauernden selbst, erst recht von ihrer Umgebung. Mit dem Tod wird in unserer Gesellschaft ebenfalls die Trauer verdrängt. Am angenehmsten wirkt, wessen Trauer nicht auffällt, nicht stört. Dabei nimmt man's in Kauf, daß jemand sein Elend in sich hineinfrißt und darob früher oder später erkrankt. Trauernde finden keine sozial oder sogar religiös akzeptierten Formen vor, die es ihnen erlauben, die Erschütterung, die innere Not zu äußern, d.h. sie offen zu zeigen, sie anstatt nach innen nach außen zu wenden. Täten wir letzteres, müßten wir mit sanften Zurechtweisungen, auf jeden Fall mit Beschwichtigungen (auch seitens der Christen, der Pfarrer) rechnen. Nur ja nicht auffallen, stören! Angesichts elementarer Erschütterung wird fleißig Leisetreterei, Leiselispelei, Abwiegelung gepredigt und praktiziert. Der wortreich belehrende Trost der Freunde Hiobs ist, jedenfalls in unseren Breiten, das wahrscheinlich erfolgreichste Verhaltensmodell der Bibel geworden. Dabei, immerhin, hatten diese Freunde zunächst sehr gut, nämlich angesichts von Hiobs großem Schmerz weinend und schweigend begonnen! »Als sie nun ihre Augen von ferne erhoben, erkannten sie ihn nicht wieder, und sie hoben laut zu weinen an und zerrissen ein jeder sein Gewand und streuten Staub gen Himmel und auf ihre Häupter. Und sie setzten sich zu ihm auf die Erde sieben Tage und sieben Nächte lang, ohne daß einer ein Wort zu ihm redete; denn sie sahen, daß der Schmerz sehr groß war.« (Hiob 2,12f.).

Lautes Weinen, Zerreißen des Gewandes, Staub aufs

Haupt: was für ein Reichtum an Gebärden, an Körpersprache, an Ausdrucksmöglichkeiten! Gerade er ist uns abhanden gekommen. Dagegen kopieren wir immer wieder die darauf folgenden ach so superklugen und doch so törichten Reden der Freunde, auf die Hiob schließlich nur zornig erwidern kann: »Solches habe ich oft gehört. Leidige Tröster seid ihr alle! Sind nun zu Ende die windigen Worte?« (Hiob 16,2 f.).

Noch aber lebten jene »leidigen Tröster« in der jüdisch-orientalischen Überlieferung, wo Schmerz und Trauer nicht verdrängt und verinnerlicht, sondern ausgelebt und geäußert wurden. Gewiß waren die Ausdrucksformen der Trauer ritualisiert, so daß sie zum Spektakel und zum »Theater« – etwa mit bezahlten Klageweibern – werden konnten. Verglichen aber mit den feierlich-kitschigen »Ritualen« unserer städtischen Bestattungsindustrie kommt einem selbst der allenfalls theatralisch werdende Lärm und Tumult alter Rituale beneidenswert lebendig vor.

Wie gesagt: was für ein Reichtum an Ausdruck, an Symbol- und Körpersprache stand Trauernden und Wehklagenden damals zur Verfügung! Ich zähle nach H. Guthes »Kurzes Bibelwörterbuch« (1903) auf: Trauernde schlugen sich an die Brust, an die Hüften. In der Frühzeit schoren Männer sich das Haar kahl oder machten sich Einschnitte in die Haut, was dann allerdings untersagt wurde: »Ihr sollt euch am Leibe nicht Einschnitte machen um eines Toten willen, auch sollt ihr euch nicht Zeichen einritzen.« (3. Mose 19,28) Vermutlich erfolgte das Verbot, weil es sich hierbei um eine Umgangsform mit dem Geist des Verstorbenen handelte. Trauernde verhüllten das Gesicht, trugen Trauergewänder (ein wenig gibt's das ja, wenn auch immer weniger, auch bei uns noch). Zum Zeichen der Trauer bestreute man sich mit Staub oder mit Asche oder setzte sich in die letztere. Daraus leitete sich vielleicht der Brauch ab, die äußere Erscheinung überhaupt vergammeln zu lassen: Trauernde ließen ihre Kleider schmutzig werden, pflegten weder Haare noch Bart, wuschen selbst die Füße nicht mehr. Dazu wurde in der Regel auch gefastet. Die symbolischen Handlungen und Gebärden wurden meist von lautem Schreien und Wehklagen begleitet. All dies dauerte Tage lang.

Man nahm sich also Zeit, die Trauer auszuleben, intensiv und wenn nötig auch laut, immer mit Seele *und* Leib! Man kann sich unschwer vorstellen, wie lösend, wie befreiend ein solches Trauern für Trauernde sein konnte. Wer sich der Trauer seelisch wie körperlich so rückhaltlos hingeben durfte, vermochte sich danach, wenn die Trauerzeit vorüber war, wohl auch dem Leben mit neu gewonnenen Kräften hinzugeben. Sicher hat das längst nicht immer ideal und wunschgemäß funktioniert. Doch hat man der Trauer und elementarer Trauerarbeit weit mehr Zeit, mehr Respekt und Aufmerksamkeit gewidmet als dies heute in unseren Verhältnissen der Fall ist. Bei uns sind meist wirtschaftliche Notwendigkeiten und Zwänge im Spiel, die es gar nicht mehr erlauben, der Trauer so viel Zeit, so viel Kraft zu widmen. Dennoch sollten wir einander wiederum mehr und herzlicher zum Trauern, zum Ausdruck unserer Trauer ermutigen. Hierdurch würden wir zugleich – so paradox dies klingen mag – zum Leben ermutigen! Wer weiß, ob vielleicht ein Stück solcher Trauererfahrung und Lebensweisheit nicht auch in der Seligpreisung Jesu enthalten ist: »Selig sind die Trauernden – die zu ihrer Trauer stehen und sie ausleben! –, denn sie werden getröstet werden.« (Matthäus 5,3).

Gefühl oder Sentimentalität?

Bitte, keine Sentimentalität!

Oft ergeht diese Bitte an Menschen, die es wagen, ihren Gefühlen Ausdruck zu geben. Im modernen Leben, so heißt es dann, in der Wirtschaft, in der Politik, hat Sentimentalität keinen Platz.

Um so üppiger läßt man sie im Fernsehen, in der auflagestarken Regenbogenpresse blühen, just also in Medien, die ebenfalls von jenen Leuten beherrscht werden, die sich und uns, sobald es um Geschäfte geht, jede Sentimentalität verbieten.

Man muß also aufpassen, *woher* der Vorwurf der Sentimentalität kommt! Nicht selten will er uns Gefühle ausreden, wo diese sehr wohl am Platze wären, selbst wenn sie den reibungslosen Ablauf geschäftlicher oder politischer Herrschaft zu stören drohen.

Andererseits ist Sentimentalität – als Gefühls- oder Rührseligkeit – oft in der Tat eine Feindin starker Gefühle, aber auch eine Feindin realistischen Denkens und vernünftigen Handelns. Das erklärt vielleicht, weshalb gerade Einflußreiche und Mächtige, die in ihrem Macht- und Handlungsbereich Gefühle als Sentimentalität diffamieren, auf der anderen Seite, nämlich etwa in den von ihnen beherrschten Medien, das Blühen und Wuchern von Gefühls- und Rührseligkeit nachdrücklich fördern. Dadurch können die Köpfe der Leute vernebelt und ein »gefährlich« vernünftiges Handeln verhindert werden. Die Tendenz, sich der Massenmedien als Verdummungsmedien zu bedienen, ist unverkennbar im Vormarsch.

Warum will man uns weinen machen über das Liebesunglück eines fünfmal geschiedenen Filmstars oder einer königlichen Lady?

Die Frage ist leicht zu beantworten: damit wir das tatsächliche Liebesunglück eines Arbeitslosen oder das zum Himmel schreiende Liebesunglück schwarzer Frauen in einem südafrikanischen Home-Land nicht zur Kenntnis nehmen. Daß die Arbeitslosigkeit Ehen oft kaputtmacht, ist ja leider Tatsache. Und daß die schwarzen Frauen elf Monate lang ohne ihre Männer bleiben müssen, die fern von ihnen als Arbeitssklaven in Slums der südafrikanischen Republik leben, ist ebenfalls Tatsache.

Wer sich von den Luxusleiden des Filmstars oder der königlichen Lady rühren läßt, ist sentimental. Wen das Schicksal der Arbeitslosen-Ehe bewegt oder das Elend der schwarzen Home-Land-Frauen erschüttert, hat Gefühl.

Der Sentimentale kann und will nichts weiter tun als eben gerührt sein. Wer dagegen Gefühl hat, verspürt den Wunsch und die Nötigung, etwas zu tun. Kommen jenem Tränen wohliger Rührung, so diesem Tränen des Mitgefühls, des Zorns, der Empörung. Sentimentalität schwelgt. Gefühl wühlt auf, treibt an, setzt in Bewegung.

Alfred Andersch hat den Unterschied zwischen Gefühl und Sentimentalität auf eine poetische Formel gebracht anhand des Satzes »der himmel ist blau«. Angesichts des blauen Himmels kann man ja leicht ins Schwärmen kommen, sich in folgenlose Sentimentalität verlieren. Andersch jedoch fordert auf, uns durch den blauen Himmel, der sich leuchtend über *allen* öffnet, aktivieren, politisieren zu lassen, weil seine strahlende Bläue ein Versprechen ist, ein noch uneingelöstes. Darum formulierte er: »empört euch der himmel ist blau«.

Das, meine ich, ist eine zutiefst christliche Weise, den

Himmel anzuschauen, vom Himmel zu reden. Es ist auch die christliche Art, Gefühl und Sentimentalität sauber auseinanderzuhalten.

Dabei war Alfred Andersch kein Christ.

Wohin mit meiner Wut?

Zur Weihnachtsgeschichte

Wut.

Sie paßt, ich weiß, schlecht zur Weihnachtsgeschichte, zur Ausrufung des Friedens Gottes auf Erden.

Frieden?

»Es gibt wichtigere Dinge als Frieden«, verlautete in einem der Weltmachtzentren. Trotzdem wird, wo dies verlautet, am Weihnachtstag ein riesiger Weihnachtsbaum aufleuchten, mit elektrischen Glühbirnen, versteht sich. Und Krippenfiguren werden aufgestellt, Weihnachtslieder gesungen, vielleicht wird sogar die lukanische Weihnachtsgeschichte gelesen werden.

Wut. Wut. Tränen der Wut.

Mit Weihnachtsliedern dem nuklearen Holocaust entgegen.

»Was haben Sie für ein Menschenbild?« wurde ich kürzlich von Studenten gefragt. Antwort I: Das der Bibel, falls diese überhaupt ein bestimmtes Menschenbild kennt, denn der Mensch ist mehr als alle Bilder von ihm, weil er – als Mann und Frau – das Bild Gottes ist. Antwort II: Heute hat sich der Mensch zu jenem – einzigen! – Wesen gemacht, das seine eigene Gattung auslöschen kann. Davon ist realistischerweise auszugehen. Im Verhältnis zu Antwort I bedeutet das möglicherweise, daß es uns nicht genügt, Bilder Gottes zu sein, wir möchten selber Gott dieser Erde werden. Da wir die Erde jedoch nicht erschaffen können, bleibt uns als Beweis dafür, daß wir wie Gott sind, nur die Zerstörung der Erde, die selbstgemachte Apokalypse.

Wut, ich weiß.

Dabei ist Wut alles andere als eine theologische Tugend.

Die wutlose Weihnachtsgeschichte versetzt mich in Zweifel, ins Unrecht wohl gar. Beten also, beten um kühleren Kopf zum Gott der Weihnachtsgeschichte:

> Gott in den Himmeln,
> Gott für die Erde,
> nimm
> – um Deines Friedens willen –
> die Wut von mir!

Doch nichts geschah, geschieht. Die Wut weicht nicht, ebbt höchstens ab oder wird für eine Weile verdrängt, dann ist sie wiederum da, steigt hoch, wenn ich lese, was uns diesmal der verteidigungspolitische Herr Berater wissen läßt: »Ich meine, die höchste Form von sozialer Sicherheit ist immer noch ein starkes Militär«. Also, was soll das soziale Geplärr! Herunter mit den Sozialausgaben, hinauf mit den Rüstungskrediten! Und setzt sich, ein Christ auch er, am 24. 12. unter den Weihnachtsbaum, glänzenden Auges womöglich.

Wut, Wut.

Pro Kopf der Erdbevölkerung sind 15 Tonnen (*Tonnen!*) Sprengstoff bereitgestellt. In Europa warten auf jeden Einwohner 60 Tonnen (*Tonnen!*) Sprengstoff. Und das, sagt man, sei noch lange nicht genug.

> »In den Himmeln: Gottes Macht!
> Licht!
> Und Herrlichkeit!«

In den unteren Himmelsregionen aber wird mit Satelliten, Raumfähren usw. zielstrebig aufgerüstet und hängen also über jedem einzelnen Frauenkopf, Männerkopf, Kinderkopf 15 oder 60 Tonnen Sprengstoff, je nach geographischer Lage …

Wäre alles leichter zu ertragen, wenn man ein radikaler Pessimist wäre wie E. M. Cioran, der schreibt: »Meine Vision von der Zukunft ist so deutlich, daß ich, hätte ich Kinder, sie auf der Stelle erdrosseln würde«?

Ich bin jedoch kein Pessimist und vielleicht deswegen wütend. Ich bin nicht Pessimist und habe Kinder. Um ihretwillen und um aller Kinder willen, die ich als Pfarrer durchs Jahr hindurch taufe, gelingt es mir nicht, wutlos zu bleiben. Es gelingt mir noch weniger, meine Wut in kühl überlegenen Pessimismus zu verwandeln.

Weit intensiver als noch vor wenigen Jahren ruft mir heute jedes Kind, das ich taufe, das Baby von Bethlehem in Erinnerung. Diese weihnächtliche Tauf-Assoziation habe ich behelfsmäßig so zu formulieren versucht:

Kinder taufen

Steilum
stauen
die Unheile sich –

bricht,
was da kommt,
mit Dammriß
und Sturzflut
herein?

Noch aber,
noch taufen wir
dem Gotte,
der Kind war,

die Kinder
scheu
ins Gedächtnis.

Aber auch andersherum wäre die letzte Strophe denkbar und möglich:

Noch aber,
noch taufen wir
uns Christen
den Gott,
der Kind war,
neu
ins Gedächtnis.

Ich weiß, die Wendung vom »Gott, der Kind war« vereinfacht. Die lukanische Geschichte enthält keine derartige Aussage. Geboren wird »euer Herr, der Messias« als Gottes Friedensbringer und »Retter«.

Dennoch, was Lukas hier erzählt, kommt mir vor wie die Geschichte der Abrüstung Gottes. So hat es schon der böhmische Kantor Nikolaus Herman (1480–1561) in seinem Weihnachtslied gedichtet, in der dritten Strophe:

»... entäußert sich all seiner Gwalt,
wird niedrig und gering
und nimmt an sich eins Knechts Gestalt,
der Schöpfer aller Ding.«

Machtverzicht, Abrüstung Gottes bis auf das Kind in der Krippe, bis auf den Mann am Kreuz. Selbstentäußerung, Machtentäußerung: so formuliert ebenfalls der Christus-Hymnus im Philipperbrief (2,6–11). Gott geht in seinem Messias voran und rund drei Jahrhunderte lang ist ihm die Kirche gefolgt, hat die Zugehörigkeit zur messianischen

Gemeinde für unvereinbar gehalten mit der Zugehörigkeit zu irgendeiner Armee.

Und dann, man weiß es, der Sündenfall der Kirche.

Und jetzt, in der gleichen Stunde, wo ich dies schreibe, werden weltweit 80 Millionen Franken oder D-Mark für Rüstung ausgegeben, verhungern zugleich aber 2000 Kinder.

Anti-Weihnacht.

Und der Count-down zum Overkill ist im Gang. Es »genügt ein einziger Verrückter, ein Politiker oder ein Soldat, der des Friedens überdrüssig ist, oder ein Irrer, der eine Krise falsch einschätzt, um die gesamte Zivilisation der nördlichen Hemisphäre zu vernichten.« (Nigel Calder)

Wohin, ach, mit meiner Wut, ehe sie sich in Traurigkeit und Fatalismus verwandelt?

Wutlos, ergeben gehorchen Joseph und Maria dem obrigkeitlichen Befehl, trotz der nahen Niederkunft. Ist die Weihnachtsgeschichte vielleicht deswegen der auch von Obrigkeiten am liebsten gefeierte (ja: gefeierte!) Bibeltext? Seht, wie fügsam die beiden sind! Keine Schwierigkeiten, kein Widerstand! So hat man's gern: den Autoritäten – sei's die himmlische, seien's irdische – ergeben.

Auch bei den Hirten auf dem Feld: kein Anzeichen irgendeiner Wut. Vielleicht gab's auch wenig Grund für sie, wütend zu sein.

Der, die Engel? Engel in Wut, das gibt's nicht einmal auf einem Paul-Klee-Bild. Engel sind erst recht erhaben über solche Emotionen.

Ich stehe vor der Weihnachtsgeschichte und kann meine Wut nirgends hinlegen. Alles leuchtet in Gehorsam, Freude, Engelsglanz. Die Geschichte schließt mich aus. Oder wenn nicht mich, so doch meine Wut.

Was aber soll mir diese Geschichte, die sich taub stellt für meinen Schrei, für meine Wut?

Gott in den Himmeln,
Gott für die Erde,
wohin
– um Deines Friedens willen –
mit meiner Wut?

Nein, man darf ein kleines Kind nicht wecken, auch das in der Krippe nicht. Psst, psst, kein Gezeter, keinen Streit, keine Schreie, keine Wut! Schlaf in himmlischer Ruh'!

Vielleicht ist Weihnachten just wegen dieses schlafenden Kindes zum beliebtesten aller Christenfeste geworden. Einmal im Jahr wird es betrachtet in seinem süßen Schlaf – und dann wieder munter an die Geschäfte, an die Weiterrüstung, der Herr, der Veränderer (= Messias) schläft ja den Schlaf seiner scheinbar ewigen Kindheit.

So vielleicht.

Aber nun trumpft meine Wut auf, voll Hoffnung plötzlich, und ruft: Ihr irrt euch, das Kind schläft nicht mehr, es ist erwacht, schon längst! Das Kind ist ein Mann geworden und wenn ihr das Evangelium des Lukas oder eines der anderen Evangelien lesen würdet, dann wüßtet ihr, daß er, der Mann, seinen Mund aufgetan, laut und deutlich geredet hat. Kein Weghören, kein Abwiegeln (»Gesinnungsmoral«, »nur für Ich-Du-Beziehungen tauglich« etc.) schafft seine Worte aus der Welt. Und was ist die Quintessenz dieser Worte? »Gott hat abgerüstet – rüstet auch ihr ab!«

Nein, so steht es in keinem der Evangelien. Und dennoch läuft's auf das hinaus, muß heute so formuliert werden, weil es zum kalten Wahnsinn der totalen, zudem hochsensiblen Überrüstung keine andere Alternative mehr gibt.

Und meine Wut?

Jesus, der Mann, hat sie artikuliert in der Art etwa, wie er den Tempel, damals von einer religiös-kommerziellen Filzokratie beherrscht, gereinigt hat. Er hat meine Wut artikuliert in seinen Schmähreden gegen den Ungeist der geistigen Führer: »Ihr übertünchten Gräber, auswendig schön, inwendig aber voll von Totengebeinen und Unrat!« – »Ihr Schlangen! Ihr Natterngezücht! Wie wollt ihr dem Gericht der Hölle entrinnen?« Und dazu die visionären, heftigen Bilder seiner apokalyptischen Reden!

Bei Jesus, dem Mann, findet meine Wut eine Möglichkeit, sich mitzuteilen, weil sie spürt, daß sie geteilt wird, nicht unkritisch zwar, aber so, daß aus ihr noch etwas werden könnte.

Gott in den Himmeln,
Gott für die Erde,
verwandle
– um deines Friedens willen –
meine vielleicht unheilige
in die heilige Wut
Deines Sohnes!

Die heilige Wut Jesu trug ihm den bekannten Schnellprozeß und die Hinrichtung ein, aber auch die österliche, pfingstliche Bejahung Gottes.

Und *dieser* Mann also lag damals als Kind in der Krippe! Im Blick auf seine *zukünftigen* Taten, Reden, Leiden riefen die Engel Gottes Frieden aus für die Erde.

Texthistorisch ist nachgewiesen, daß die Geschichten rund um das Kind in der Krippe vorgespannte Nachzügler der Evangelien, d.h. von den Begegnungen mit dem erwachsenen Jesus her konzipiert sind. Deutlicher noch: erst nach der Auferstehung des Gekreuzigten hat sich überhaupt Interesse geregt für seinen Anfang, für seine Geburt, die sich deshalb sogleich ins Licht seiner schon geschehenen Auferstehung verklärt hat. Der Engel der Weihnacht könnte der Engel des Ostermorgens sein. Der Friede, der erschrockenen Hirten verkündet wird, ist der Friede jenes Grußes, mit dem der Auferstandene unter die erschrockenen Jünger tritt: »Friede mit euch!« Die Weihnachtsgeschichte widerstrahlt vom Osterglanz und ist deswegen wutlos.

Ostern wie Weihnachten sind Kundgaben der großen Bejahung Gottes, für die der Retter, der Messias gutsteht. Deshalb:

»Seht ich verkündige euch,
daß eine große Freude
bald das ganze Volk ergreifen wird;
denn heute wurde euch in der Stadt Davids
der Retter geboren: euer Herr, der Messias.«

Dieses Ja Gottes zum Menschen, zum »Volk«, zur Erde, ist das A und O des Evangeliums! Jesu Nein, seine Wut gegen Tempelkommerz, frommen Dünkel und Machtwahn wurzelt im großen göttlichen Ja – allein deshalb ist seine Wut eine heilige. Und so allein kann auch meine, unsere Wut zu einer heiligen werden! Nicht aber geht es darum, emotionslos zu werden, wie von einem stoischen oder technokratischen Mißverständnis des Glaubens her etwa gefordert wird.

»Und dies ist das Zeichen für euch:
Ihr werdet ein Kind finden,
das in Windeln gewickelt in einer Krippe liegt.«

Was ist ein Säugling? Nichts als bedürftige Kreatürlichkeit, nichts als elementare Emotion! Er lacht, schreit, weint.

Und was besagt das »Zeichen« des Kindes in der Krippe noch?

Daß die Rettung darin besteht, zu werden, was wir sind: geburtliche, sterbliche Menschen – und daß Verloren-Gehen heißt: werden zu wollen, was wir nie sein können, nämlich Götter der Erde (es reicht, schlimm genug, nur zu holocaustischen Götzen, Molochs)!

Mich jedenfalls hat das österlich/weihnachtliche Ja Gottes zum Menschengeschöpf bisher denn doch immer noch, immer wieder aufgestellt, hat meine Wut nicht besänftigt, wohl aber vernünftigt. Sicher, der Christen-Gott hat eine Heidenmühe mit mir, mit meiner Vernünftigung! Aber gegen die mörderische Irrationalität der Megatod-Rationalisten, gegen den finsteren Wahnsinn der Overkill-Manager hilft einzig eine leidenschaftliche, von Emotion durchpulste, sogar von Weinen und Wut angetriebene Vernunft – die liebende Vernunft des erwachsenen Jesus! Und das ist: die Vernunft der Liebe zum Nächsten, zum Fremden, zum Feind! Immer klarer stellt sich heraus, daß nur sie uns noch Zukunft öffnen, Leben schenken kann.

Gott in den Himmeln,
Gott für die Erde,
so münze
– um deines Friedens willen –
meine Wut stets wieder um
in die heilige Vernunft
deiner Liebe!

Mit diesem Gebet jetzt aber hinein in die Kirche, in die Politik, in Aktionen und Subversionen der Vernünftigung! Die Wut nehme ich mit, in meiner Tasche, gemäß dem Rate eines chassidischen Rabbis: »Seit ich die Wut gebrochen habe, trage ich sie in der Tasche. Wenn ich sie brauche, hole ich sie hervor.«

Menschen und Tiere

Sechster Schöpfungstag 1

> *Und Gott sprach: Die Erde bringe lebende Wesen hervor, Vieh, Gewürm und wilde Tiere, je nach ihrer Art.*
> *Und es geschah also.*
> *Und Gott machte die wilden Tiere nach ihrer Art und das Vieh nach seiner Art und alle Tiere, die auf dem Boden kriechen, nach ihrer Art.*
> *Und Gott sah, daß es gut war.*
> *Und Gott sprach: Lasset uns Menschen machen nach unserem Bilde, uns ähnlich!*
> *Die sollen herrschen über die Fische im Meer und über die Vögel am Himmel und über das Vieh und über alle wilden Tiere und über alles Gewürm, das auf Erden sich regt.*
> *Und Gott schuf den Menschen nach seinem Bilde, nach dem Bilde Gottes schuf er ihn, als Mann und Frau schuf er sie.* 1. Mose 1,24–27

Mit dem sechsten Schöpfungstag kommen wir zu den bekanntesten, freilich auch umstrittensten Passagen unserer Schöpfungserzählung. Deshalb wollen wir die Gangart etwas verlangsamen und zunächst nur *einen* Aspekt dieser abschließenden Schöpfungswerke hervorheben: *die Herrschaft der Menschen über die Tiere.*

Wie wir bisher sahen, hat jede Art von Lebewesen ihren eigenen Lebensraum zugewiesen bekommen: die Gestirne den Himmel, die Wassertiere das Meer, die Vögel den Luftraum. Überschneidungen gab es kaum. Jetzt aber, auf dem festen Land, sieht es anders aus. Hier müssen sich zwei Arten von Lebewesen, nämlich die Landtiere und die Menschen, in ein und denselben Lebensraum teilen.

Damit ist die Möglichkeit von Konflikten gegeben.

Dieser Konfliktmöglichkeit setzt der Schöpfer die Fähigkeit entgegen, Konflikte zu regeln. Diese Fähigkeit und Verantwortung für Konfliktregelungen wird den Menschen verliehen. Das macht unsere besondere Stellung aus, unsere Gottebenbildlichkeit.

Doch jetzt der Reihe nach.

»Und Gott sprach: Die Erde bringe lebende Wesen hervor ...«

Wiederum ist die Erde aktive Mitarbeiterin beim Schöpfungswerk: nicht Gott erschafft die Landtiere, sondern die Erde ist's, die sie im Auftrag Gottes hervorbringen soll. Wahrscheinlich wirkt hier die Vorstellung der Erde als einer Muttergöttin nach. Jedenfalls wird die Erde nicht als Objekt, nicht bloß als Material betrachtet. Sie ist, auch für die Bibel, doch eher eine Mutter als nur eine Sache, die wir beliebig beherrschen und ausbeuten dürfen. Einer Mutter gebührt Respekt, Rücksicht, Zärtlichkeit, sie ist weder Herrschafts- noch Ausbeutungsobjekt. Folglich haben auch die erdnächsten Geschöpfe, die Tiere, einen Anspruch auf ähnlich liebevollen Respekt.

Dann aber ist's, als wolle der Erzähler klarmachen, daß dennoch nicht eine Muttergöttin Erde, sondern der eine und einzige Gott alles ins Leben ruft. Deshalb heißt's bei der Ausführung des göttlichen Entschlusses dann doch wieder: »Und Gott machte ...«

»Und Gott machte die wilden Tiere nach ihrer Art und das Vieh nach seiner Art und alle Tiere, die auf dem Boden kriechen, nach ihrer Art. Und Gott sah, daß es gut war.«

Doch eben: ihren Lebensraum, die Erde, teilen die Landtiere mit uns Menschen. Die Regelung der hier möglichen Konflikte wird den Menschen anvertraut:

»Und Gott sprach: Lasset uns Menschen machen nach unserem Bilde, uns ähnlich! Die sollen herrschen über die Fische im Meer und über die Vögel am Himmel und über das Vieh und über alle wilden Tiere und über alles Gewürm, das auf Erden sich regt. Und Gott schuf den Menschen nach seinem Bilde, nach dem Bilde Gottes schuf er ihn, als Mann und Frau schuf er sie.«

Was bedeutet nun aber: »Nach dem Bilde Gottes«? Man hat herausgefunden, daß diese Formel aus der Königsideologie des Vorderen Orient stammt. So etwa wurden in Mesopotamien und in Ägypten die Könige als »Ebenbild Gottes« bezeichnet. Ihre Gottebenbildlichkeit meinte konkret: Stellvertretung! Könige galten als Stellvertreter Gottes auf Erden. Hier, in unserer Erzählung, passiert nun plötzlich aber etwas Erstaunliches, Aufregendes: nicht Könige sollten Gottes Stellvertreter sein, sondern alle Menschen, die Menschheit insgesamt! Die altorientalische Königsideologie wird also aus den Angeln gehoben. Dem Menschen, allen Menschen, werden Rechte zugeschrieben, wie sie bisher nur Könige gehabt hatten! Überraschenderweise entpuppt sich also unsere Schöpfungserzählung als ein frühes, vielleicht das früheste demokratische Manifest! Nicht einzelne Auserwählte oder Begünstigte sind königliche Ebenbilder und Stellvertreter Gottes, sondern *alle* sind es, die Menschheit, die Menschenfamilie insgesamt! Allen werden von Gott die königlichen Rechte und Pflichten der Gottebenbildlichkeit, der Stellvertretung Gottes, zuerkannt! An die Stelle der hierarchischen Stufung von König, Adel, Untertanen tritt die kooperative Gemeinschaft von

Mann und Frau: nach seinem Bilde schuf Gott den Menschen, »als Mann und Frau schuf er sie«. Jeder ein König, jede eine Königin! Gesellschaftliche Strukturen, welche Menschen zu Untertanen und Befehlsempfängern degradieren, widersprechen dem Willen des Schöpfers. Daß alle Menschen Ebenbilder Gottes sind, bekräftigt später vollends die Menschwerdung des Wortes Gottes *nicht* im Königssohn einer Haupt- oder Königsstadt, sondern im Sohn eines Zimmermanns im Provinznest Nazareth, von dem die Jerusalemer naserümpfend sagten: »Was kann aus Nazareth schon Gutes kommen?« (Johannes 1,46) In Nazareth lebten Leute ohne Rang und Namen, ohne Einfluß und Tradition. Doch genau das ist das Milieu DES Gottes, der unsere Freiheit, der die Freiheit *aller* will!

Zum Königtum, zur Gottebenbildlichkeit gehört Herrschaft. Darum sagt Gott von uns Menschen, von uns allen:

»Die sollen herrschen über die Fische im Meer und über die Vögel am Himmel und über das Vieh und über alle wilden Tiere und über alles Gewürm, das auf Erden sich regt.«

Hier klingt vielleicht die Erinnerung an jene Frühzeit an, wo Tiere noch Feinde und Konkurrenten des Menschen gewesen sind. Indem er sich zunächst gegen die Tiere wehren und durchsetzen mußte, hat sich der Mensch als ihr Herrscher bewiesen.

Wiederum ist das Wort »herrschen« der Vorstellungswelt des altorientalischen Königtums entnommen. Dabei darf man nicht an grausame Despoten denken. Im Alten Testament gewährleistete der gute, gottgefällige König gerechte Verhältnisse. Im Sinne des Ausgleichs, des »schalom«, wirkte er vor allem als Richter. Im alten Israel fällte ein Richter selten autoritäre Urteile, er war eher ein

Schlichter, ein Schiedsmann, der den streitenden Parteien Urteilsvorschläge machte, die ihnen einleuchten sollten. Man denke an das berühmte salomonische Urteil! (1. Könige 3,16–28) Richten ist im Alten Testament nichts anderes als die Wiederherstellung des »schalom«, eines friedlichen und befriedigenden Gleichgewichts der Forderungen und Gewährungen.

In dieser Weise des Schalom-Herstellens ist auch die Herrschaft der Menschen über die Tiere zu verstehen. Wo es Konflikte zwischen Menschen und Tieren gibt, weil sie einander in die Quere kommen, soll der Mensch als Schiedsrichter für einen modus vivendi sorgen, der das Gleichgewicht des »schalom« wiederum herstellt, ohne daß dabei ganze Tierarten zugrunde gehen.

So wird dem Menschen das »Herrschen« als Verantwortung für die anderen übertragen, für die Tiere in diesem Fall. Herrschen bedeutet nicht Vergewaltigung, nicht Ausrottung. Herrschen ist hier ausdrücklich verknüpft mit der Gottebenbildlichkeit: Gott herrscht über die Welt, doch er vergewaltigt sie nicht, pflegt vielmehr ihr Gleichgewicht, wo alles mit allem zusammenspielt, und er macht dieses Gleichgewicht niemals kaputt. Genau so sollen wir Menschen mit den Tieren, mit der Schöpfung überhaupt umgehen.

Wir wissen, wie katastrophal diese Verantwortung in ihr Gegenteil pervertiert worden ist, wie katastrophal wir unter den Tieren gewütet haben. Und das geht immer noch weiter. Jetzt beginnt sich da und dort aber Widerstand zu regen. Als Leser der Schöpfungserzählung sind wir aufgerufen, uns diesem Widerstand anzuschließen.

Im Evangelium Markus gibt es eine wenig beachtete Stelle. Da wird berichtet, nach seiner Taufe durch Johannes den Täufer sei Jesus 40 Tage in der Wüste gewesen und sei vom Satan versucht worden. Wörtlich heißt es dann: »Und er war bei den Tieren, und die Engel dienten ihm.« (Mk 1,13).

Das macht nachdenklich. Mit Engeln sind Tiere die Gesellschafter Jesu in seiner Einsamkeit. In *einem* Atemzug, in *einem* Satz werden sie nebeneinandergestellt: Tiere, Engel! Sie stören einander nicht, im Gegenteil, sie scheinen gut zueinander zu passen, zwischen ihnen herrscht Friede, Einvernehmen.

Und dann diese Formulierung: »Er (Jesus) war bei den Tieren.« Bevor er aufbrach, um öffentlich zu wirken, war er bei den Tieren! Der Teufel setzt ihm zu, später werden Menschen ihm zusetzen, doch bei den Tieren ist für ihn Zuflucht, ist so etwas wie Heimat, just bei Tieren, die man üblicherweise für gefährlich hält und »wilde« Tiere nennt. So grausam aber wie Menschen ist kein Tier.

»Er war bei den Tieren.«

Von da brach er auf zu uns. So haben wir's in den Tieren, gerade in den Tieren, immer auch mit *Ihm* zu tun.

Verantwortung, nicht Raubbau

Sechster Schöpfungstag II

Und Gott schuf den Menschen nach seinem Bilde, nach dem Bilde Gottes schuf er ihn, als Mann und Frau schuf er sie.
Und Gott segnete sie und sprach zu ihnen:
Seid fruchtbar und mehret euch und füllet die Erde und macht sie euch untertan, und herrschet über die Fische im Meer und die Vögel des Himmels, über das Vieh und alle Tiere, die auf Erden sich regen.
Und Gott sprach: Siehe, ich gebe euch alle samentragenden Pflanzen auf der ganzen Erde und alle Bäume, an denen samenhaltige Früchte sind. Sie sollen eure Nahrung sein.
Aber allen Tieren der Erde und allen Vögeln des Himmels und allem, was sich regt auf der Erde, was Lebensatem in sich hat, gebe ich alles Kraut und Gras zur Nahrung.
Und es geschah also.
Und Gott sah alles an, was er gemacht hatte, und siehe, es war sehr gut.
Und es ward Abend und ward Morgen: der sechste Tag. *1. Mose 1,27–31*

Ein Mensch ist *kein* Mensch. Das bezeugt auch die andere Schöpfungsgeschichte der Bibel, diejenige nämlich von Adam und Eva. Nach der Erschaffung Adams stellt Gott dort fest: »Es ist *nicht* gut, daß der Mensch allein sei.« (1. Mose 2,18)

Hier, in der jüngeren Schöpfungserzählung (vermutlich aus dem 6. vorchristlichen Jahrhundert), schafft Gott schon gleich von Anfang an Menschen in der Mehrzahl, einen Mann und eine Frau. Von der Kinderzeit bis zum Greisenalter brauchen wir andere Menschen, um selber Mensch sein zu können. Karl Barth formulierte: »Der Mensch ohne den Mitmenschen ist nicht der Mensch, sondern das Gespenst des Menschen.«

Für diese Wahrheit steht hier das Paar von Mann und Frau, ohne daß man daraus schon eine ganze Ideologie der Ehe und der Zweierbeziehung ableiten darf. Es gibt unzählige Beispiele erfüllten Menschseins ohne Ehe, auch ohne Zweierbeziehung, so wie es unzählige Beispiele gibt für unerfülltes, für unglückliches Menschsein *in* der Ehe, *in* Zweierbeziehungen. Die Palette menschlicher Gemeinschafts- und Beziehungsmöglichkeiten ist mannigfaltig; die Paarbeziehung ist *eine* dieser Möglichkeiten.

Allerdings: *den* Menschen gibt es nicht. Konkret gibt es Frauen und Männer. Zudem hatten der erste Mann und die erste Frau die Aufgabe, Stammeltern der Menschheit zu werden, entsprechend dem Befehl des Schöpfers: »Seid fruchtbar und mehret euch ...!«

Dieser Befehl erging im Blick auf die noch menschenleere Erde. Daß es heute unsinnig wäre, weiterhin eine uneingeschränkte Fruchtbarkeit zu propagieren, versteht sich von selbst. Gegen Geburtenkontrolle und Familienplanung ist nichts einzuwenden, im Gegenteil. Dennoch sind sie nicht, wie manche meinen, ein Allheilmittel. Die Hauptursache der Bevölkerungsexplosion ist, wie man in der Dritten Welt feststellen kann, die Armut. Je höher der Wohlstand, desto mehr stabilisiert sich eine Bevölkerung. Gerade die Armut aber wächst weiter als Folge eines Weltwirtschaftssystems, das die armen Länder noch ärmer macht, aber auch als Folge der schlechterdings irrsinnigen Summen, die in unproduktive Rüstung gesteckt werden.

In der Sprache unserer Schöpfungserzählung heißt das: wir haben vergessen, daß wir »nach dem Bilde Gottes« geschaffen sind. »Bild Gottes« ist nicht der für sich selbst lebende Mensch, sondern erst derjenige, der für andere da ist, mit anderen solidarisch wird, so wie eben Mann und Frau füreinander da und miteinander solidarisch sind.

Wenn diese Solidarität nicht mehr spielt, so daß die einen immerzu reicher, die andern immerzu ärmer werden, kommt die Welt aus dem Gleichgewicht – auch aus dem Gleichgewicht der Bevölkerungszahl.

Darum hat der Reichste, nämlich Gott, Partei ergriffen für die Armen und ist Mensch geworden im Kind armer Leute, in einem Land der Dritten Welt.

Doch zurück zu unserer Erzählung, wo Gott den ersten Menschen sagt:

»Seid fruchtbar und mehret euch und füllet die Erde und macht sie euch untertan, und herrschet über die Fische im Meer und die Vögel des Himmels, über das Vieh und alle Tiere, die auf der Erde sich regen.«

Da stehen sie nun also, diese verhängnisvoll gewordenen Worte: »Machet euch die Erde untertan!«

Aus dem Zusammenhang ergibt sich aber: an eine schrankenlose Verfügungsgewalt der Menschen über die Schöpfung ist nicht gedacht. Das ist erst viel später in diesen Satz hineingetragen worden, z. B. auf Grund des römischen Rechts, für welches die Natur eine Sache ist, nicht etwas Lebendiges. Über eine Sache kann man verfügen. Die Römer und ihr bis heute nachwirkendes Recht haben deshalb das private Eigentumsrecht an der lebendigen

Erde, an Grund und Boden, zu einem obersten Prinzip gemacht – eine Auffassung, die fast allen Völkern ursprünglich fremd war. Auch im alten Israel gehörten Grund und Boden Gott und waren nicht ein beliebig verfügbares, beliebig käufliches oder verkäufliches Eigentum, keine Sachen also.

Vollends verhängnisvoll war, daß in der Zeit der Weltentdeckung und Weltbemächtigung durch die Europäer der Philosoph Descartes alles Nicht-Menschliche zu toten Dingen degradierte: »Ich denke, also bin ich«, hat Descartes bekanntlich gesagt. Da er in der Natur und bei den Tieren kein solches Denken glaubte feststellen zu können, hat er alle außermenschlichen Wesen und die Natur insgesamt für seelenlos, für leblos gehalten. Tiere z. B. waren für ihn Maschinen ohne Seele. Bald haben europäische Eroberer andersfarbige Menschen anderer Kontinente ebenfalls für Tiere, für seelenlose Wesen gehalten, die man zähmen muß und ausbeuten darf.

Ich vereinfache, ich weiß. Der Weg, der zur Verdinglichung der Natur und zur blinden Verfügungswillkür des weißen Mannes über die Welt geführt hat, war lang. Sein Resultat aber bleibt der Weltraubbau, die Weltzerstörung, vor der wir jetzt erschrecken.

Keinesfalls darf man diese Entwicklung nun aber dem biblischen Satz anlasten: »Machet euch die Erde untertan!«

Im Zusammenhang unserer Erzählung bedeutet dieser Satz zweierlei:

1. Es wird dem Menschen erlaubt, Ackerbau zu treiben. Mit »Erde« ist nicht der Globus gemeint, sondern der Boden unter den Füßen des Menschen, der hebräisch »adam« heißt, abgeleitet von »adamah«, was »Erde« bedeutet.

Adam, der Erderich, bekommt die Erlaubnis und den Auftrag, die Erde zu beackern.

Und 2. ist mit »untertan machen« die sorgende, pflegende, auch schiedsrichterliche Herrschaft über die Tiere gemeint, von der wir zuvor hörten. An Tiertötung zum Zweck der Nahrungsbeschaffung ist dabei (noch) nicht gedacht, dem Menschen wird pflanzliche Nahrung zugewiesen.

»Und Gott sprach: Siehe, ich gebe euch alle samentragenden Pflanzen auf der ganzen Erde und alle Bäume, an denen samenhaltige Früchte sind. Sie sollen eure Nahrung sein.«

Das heißt: Der Mensch soll Getreide und Baumfrüchte essen, Pflanzen also, die des Anbaus bedürfen. Den Tieren dagegen wird als Nahrung Kraut und Gras zugewiesen, Pflanzen also, die von selber nachwachsen und keines Anbaus bedürfen:

»Aber allen Tieren der Erde und allen Vögeln des Himmels und allem, was sich regt auf der Erde, was Lebensatem in sich hat, gebe ich alles Kraut und Gras zur Nahrung. Und es geschah also.«

Mit dieser verschiedenen Nahrungszuweisung versucht der Schöpfer einem möglichen Kampf zwischen Menschen und Tieren um die Nahrung vorzubeugen. Tierjagd, Tierschlachtung, tierische Nahrung kommen erst auf nach der schuldhaft verursachten Katastrophe der Sintflut.

Hören wir also auf, uns für globalen Raubbau, für globale Zerstörungen auf den Satz zu berufen: »Machet euch die Erde untertan!« Dieser Satz enthält einzig die Erlaubnis, Ackerbau zu treiben, und dazu den Auftrag, fürsorglich die Verantwortung für die Tiere zu tragen.

Ein Hinweis noch zum Schluß: stets deutlicher zeigt

sich, daß die zerstörerische Ausbeutung der Natur Hand in Hand geht mit der zerstörerischen Ausbeutung von Menschen und Völkern. Die Kriegführung gegen die Natur und die Kriegführung der Menschen gegeneinander sind zwei Seiten ein und derselben Medaille. Heute sagen immer mehr Frauen, beides habe etwas zu tun mit einer Denkweise und Zivilisation, die von männlichen Vorstellungen geprägt worden sind. Christliche Frauen doppeln nach mit der Feststellung, auch die bisherige Gottesvorstellung sei ja einseitig männlich gewesen, d. h. vor allem herrscherlich, unterwerfend, erobernd.

Hier, am Anfang der Bibel, steht es anders: nach seinem Bild habe Gott den Menschen geschaffen, »als Mann und Frau schuf er sie«. So ist also auch Gott Mann *und* Frau, Vater *und* Mutter. Wir jedoch haben gerade das Weibliche aus Gott herausgelöst, haben es verdrängt und uns einem männlichen Befehlshaber- und Kommando-Gott unterworfen, zum Schaden unserer Seelen, zum Schaden unserer Erde. Die Art, wie wir an Weihnachten das Kind in der Krippe und seine Mutter feiern, ist oft nur eine kümmerliche und erst noch folgenlose Kompensation für die jahraus jahrein verdrängte Weiblichkeit Gottes.

Um so heller leuchtet die Vision dieser Schöpfungserzählung: Gott ebenso weiblich wie männlich, Gott als Integration und Versöhnung! Kein Eroberer, kein Unterwerfer, vielmehr Schöpfer *und* Schöpferin, Befreier *und* Befreierin – Gott als Liebe.

Ist Gott weiblich?

Ihr wißt, ich halte nichts vom Muttertag, habe ihn bisher mit Schweigen übergangen, tu's, genau besehen, auch diesmal, schlage aber vor, bei dieser zweifelhaften Gelegenheit die zweifellos hochwichtige Frage unserer Gottesvorstellungen zu bedenken.

Ich glaube nämlich, daß, so wie wir's zu verstehen gewohnt sind, das Gebot »Du sollst dir kein Gottesbild machen« bereits ein solches Bild enthält, das Bild eines männlichen Gottes.

Nach dem Wortlaut müßte es nicht so sein. Das hebräische Wort für »Gottesbild« meint ein aus Stein gehauenes, aus Ton geformtes oder aus Holz geschnitztes Bild, das sowohl einen Gott wie eine Göttin darstellen konnte.

Doch uns geht's jetzt nicht um ein modelliertes oder geschnitztes Gottesbild, sondern um eines, das in unserem Geist und Gemüt vorhanden ist, geformt durch jahrhundertelange Überlieferung. Und dieses Gottesbild hat eindeutig einseitig männliche Züge. Damit verstoßen wir gegen das Bildverbot und tun, was Paulus einst den Heiden vorgeworfen hat: »Sie vertauschen die Erhabenheit des unvergänglichen Gottes mit Bild und Gestalt von vergänglichen Menschen« (Römer 1,23).

Vermutlich wissen wir zwar, daß Gott weder männlich noch weiblich noch irgendein fades Neutrum ist. Doch leider können unsere Sprachen dem nicht gerecht werden. Bekanntlich muß jedes Hauptwort entweder männlich, weiblich oder sächlich sein – eine andere Möglichkeit gibt es nicht. Die Sprache schreibt vor, daß Gott ein Hauptwort und daß ein Hauptwort eben männlich, weiblich oder sächlich zu sein hat.

Unsere Sprache ist nicht die Sprache Gottes, sondern die Sprache von Menschen, die der Schöpfer von Anfang an entweder als Mann oder als Frau geschaffen hat. Darum wird in dieser Sprache alles, kurioserweise auch der Tisch, die Lampe, und so eben auch Gott, gezwungen, entweder männlich oder weiblich, sonst halt sächlich zu sein.

Das Hebräische ist dieser Schwierigkeit mit einer eleganten Sprachlist zunächst ausgewichen. Gott hieß hier »Elohim«. Das ist eigentlich eine Mehrzahl, bedeutet also »Götter« und/oder »Göttinnen«, beides zugleich. Keck und kühn wurde dieses Mehrzahlwort, das alles offen läßt, in eine Einzahl verwandelt. Die Israeliten waren ja Pioniere des Ein-Gott-Glaubens, konnten und wollten von Gott deshalb nur in der Einzahl sprechen. Daß sie dabei trotzdem die offene Mehrzahlform beibehielten, verrät ihr Gespür dafür, daß der *eine* Gott weder auf Männlichkeit noch auf Weiblichkeit festgelegt werden kann, daß er ebenso weibliche wie männliche Kräfte enthalten muß. Daran erinnert auch der Satz aus der Schöpfungssage, Gott habe den Menschen zu seinem Bild geschaffen – »als Mann und Frau schuf er sie« (1. Mose 1,27). Nicht der Mann allein, nicht die Frau allein, sondern Mann und Frau miteinander sind Gottes Bild. Was besagt: in Gott ist das Männliche und das Weibliche gleichermaßen gegenwärtig.

Dennoch ist Gott dann einseitig vermännlicht worden, wurde »der« Gott, »der« Herr (nicht, nie: Herrin), »der« König (nicht, nie: Königin). Die Warnung des 2. Gebotes wurde überspielt von der Denk- und Sprechweise einer Gesellschaft, die konsequent und grimmig männerrechtlich organisiert war. Weil auf Erden der Mann regierte, dachte man automatisch, im Himmel regiere ebenfalls ein Mann, ein Super-Mann. Der Mann schuf sich Gott nach seinem Bilde.

Das hatte Folgen.

Die oft harten, grausamen, kriegerischen Züge, die die Christenheit entwickelt hat, von den Kreuzzügen über Inquisition, Hexenverfolgungen bis zum Genocid an den Indianern, bis zur »christlichen« Bombe (so nannte man in Japan die Atombombe), hängen mit der einseitig männlich-rigorosen Gottesvorstellung ebenso zusammen wie die Ethik von Gehorsam, Unterwerfung, Pflicht, Leistung. Mit dem Evangelium Jesu hat das alles nichts zu tun.

Es stimmt nicht, daß es egal ist, nach welcher Façon man sich Gott vorstellt. So wie man von Gott denkt, so handelt man auch. Darum hat Jesus ein Umdenken, Neudenken gefordert, die Metanoia. Sie mit »Buße tun« zu übersetzen, verrät auch schon wieder jene Unterwerfungs- und Gehorsamsethik, die für das patriarchale Gottesverständnis typisch geworden ist. Nötig und von Jesus gefordert ist die Wandlung und Veränderung unseres Denkens, damit auch unser Tun ein anderes wird. Zu dieser Sinnesänderung gehört ebenfalls die Abkehr vom himmlischen Supermann, der nicht Gott, sondern ein Gottesgötze ist, in dem sich die Vorherrschaft der Männer widerspiegelt.

Und Jesus? Ein Mann auch er!

Ja, es konnte nicht anders sein. Zu seiner Zeit durften jüdische Frauen nicht einmal aktiv am Gottesdienst teilnehmen, geschweige sonstwo öffentlich reden. Das Mann-Sein gehörte sozusagen zur Knechts- und Sklavengestalt des menschgewordenen Wortes, ist also seiner Selbstentäußerung (Philipper 2,5 ff.), nicht aber seiner Erhöhung und seinem Triumph zuzurechnen. Anzunehmen, daß der Erhöhte und Wiederkommende wiederum ein »Er« sein wird, ist vorgeprägtes Gewohnheitsdenken. Warum sollte es nicht vielleicht eine »Sie« oder, besser noch, eine »Sie und Er« sein?

Gewagte Gedanken, zu gewagte – mag sein. Aber schon immer hat man in den Kirchen versucht, die einseitig maskuline Gottesvorstellung zu verweiblichen. So etwa sind im Lauf der Zeit, wie die Kunstgeschichte zeigt, die Engel aus jungen Männern zu jungen Frauen geworden. So etwa haben die Ostkirchen die göttliche Weisheit, die Sophia, schon immer als eine weibliche Manifestation Gottes verehrt, womit sie unter anderem daran erinnern, daß der Geist Gottes im alttestamentlichen Hebräisch ebenfalls weiblich war. Und der römische Katholizismus hat, wir wissen's, Maria als so genannte »Mutter Gottes« mit immer mehr göttlichen Eigenschaften ausgestattet, bis aus der Mutter Gottes fast schon eine Muttergöttin geworden ist.

Für den evangelischen Glauben dagegen ist und bleibt »Gnade« das zentrale Wort. Allerdings hat man sich auch die Gnade oft vorgestellt als den Gnadenakt eines Monarchen und Patriarchen, eine Art Amnestie, zu der sich der allmächtige Herrscher herabläßt. Im übrigen aber gelten Zucht, Ordnung, Strenge, Gehorsam.

Der ursprüngliche Sinn des Wortes »Gnade«, im Griechischen »charis«, lateinisch »gratia«, meint jedoch: Anmut, Grazie, Anziehungskraft, göttlicher Charme sozusagen. Nicht zufällig bedeutet das französische »grâce« beides: sowohl Gnade wie Anmut, Anziehungskraft. Mit der

Gnade werden Gott im Grunde Eigenschaften zugeschrieben, die üblicherweise eher als weiblich gelten. Gottes Gnade ist nicht der herablassende Gnadenakt eines rigorosen Herrschers, sondern die Anziehungskraft der göttlichen Liebe.

Nichts wäre jedoch verkehrter, als den männlichen Gottesgötzen durch einen weiblichen zu ersetzen! Notwendig, zu unserem Heil notwendig ist es, größer von Gott zu denken. Zu seiner Größe gehört, daß er weder nur männlich noch nur weiblich ist und daß in ihm weder das Männliche über das Weibliche noch das Weibliche über das Männliche regiert. Hier ist nicht Dominanz des einen über das andere, sondern Konkordanz – vielleicht im Sinne eines »Zusammenfalls der Gegensätze« (Nikolaus von Kues), noch eher wohl im Sinne eines dialogischen Zusammenspiels der Gegensätze.

Wie auch immer: Gott ist nicht Mann, Gott ist nicht Frau, Gott ist Liebe (1. Johannes 4,8.16). Und Liebe heißt: Zusammenspiel. Füreinander. Miteinander.

Gott ist auch darin größer, daß er uns voraus ist, daß er längst lebt, was wir erst anstreben, was wir erst lernen müssen, damit jene Ganzheit sich entfalten kann, welche biblisch »Schalom« heißt, Frieden. Sinnvoller als ein Muttertag wäre darum ein alljährlicher Schalom- oder Friedenstag.

Faute de mieux: zwei Briefe

Brief I

Mein Gott!

Keine Anrede, nein, ein Ausruf, der mir entwischt, weil Herr N. zu wissen begehrt, wann und wie ich Dir, den man Gott nennt, der ebensogut auch Göttin heißen könnte, zum ersten Mal begegnet bin. Kann man, ob solcher Zumutung, etwas anderes tun als seufzen: O Gott!? Am Ende gibt es Dich noch immer, damit unsere leichtfertigen oder verzweifelten, gläubigen und ungläubigen Seufzer einen Adressaten haben. Warum meinen Seufzer nicht in ein Brieflein verwandeln? Ich weiß, damit mißbrauche ich Dich: Du als Umweg, Du als literarische Masche, Du als Spielmöglichkeit! Darf man das? Mir will scheinen, daß mit Dir weit schlimmerer Mißbrauch getrieben wird. Jüngst las ich an einer Bauwand die Kinderparole: »Und der alte Mann sprach: Ihr dürft alles.« Bist Du der alte Mann, der den Kindern das zugeflüstert hat? Kinder mögen alte Männer. Vielleicht deswegen hast Du Dich in einen solchen verwandelt. Hast Du mir einst ebenfalls so schön subversive Sätze souffliert? Während ich jetzt tippe, schaust Du, Gott unserer Seufzer, mir vielleicht zu, vom Fenstersims aus oder wie eine Frau über die Schulter oder wie das Kind in mir durch meine Brille. »Du« tippe ich. Seit wann sind wir per Du? Seit wir miteinander, gegeneinander spielen. Bestimmt wird Herr N. Leute finden, die auf seine Frage ernsthafter, sinnreicher antworten können. Für mich warst Du stets ein Spieler, Mitspieler, Gegenspieler, das heißt: voller Überraschungen, nicht faßbar, dabei zutiefst verläßlich. Ich wundere mich stets wieder, daß andere so viel mehr über Dich zu wissen scheinen und wieder andere ebenso sicher behaupten können, es gebe Dich nicht (obgleich auch sie gelegentlich seufzen »O Gott!«). Doch ich schweife ab – oder bist Du's, der mich so abschweifen läßt? Du, der Abschweifende, Ausscherende immer wieder! Nomadengott, Heilige Geistin, die weht, wo sie will. Zurück aber zur Frage des Herrn N.! Vermutlich hast Du mich schon gekannt, als ich noch schwimmend schlief in der warmen Höhle der Frau, die meine Mutter war. Herr N. aber möchte wissen, wann Du erstmals in mein Bewußtsein getreten bist. Hast Du einen solchen Schritt jemals getan? Falls Du Dich nicht mehr erinnern kannst, um so bessser. Wenn etwas mich schreckt, dann die Vorstellung eines universellen Computers, in dem alle Daten mitleidlos und für immer gespeichert bleiben. Ich hoffe im Gegenteil, daß Du ein fortwährendes und verläßliches Vergessen, Verwehen, Erlöschen bist. Verläßlich, weil Dein Vergessen ungeheuer vieles vergißt, nur die nicht, die um ihr Leben und ihr Recht betrogen worden sind und auch die nicht, o Gott, o Göttin der parteilichen Liebe und der heiligen Rache, die jene um ihr Recht und um ihr Leben betrogen haben. Dich selbst kannst Du so völlig vergessen wie niemand sonst, nicht aber jene. Oder ist die Last der mörderischen, selbstmörderischen Menschheit für Dich längst schon so unerträglich geworden, daß es Dich verjagt hat, daß Du explodiert bist ins Vergessen, Verwehen, Erlöschen hinaus? Herr N. setzt voraus, daß dies nicht, noch nicht geschehen ist. Ob er recht hat damit? Auch ich spiele weiter mit Dir, gegen Dich, als wärst Du noch immer da. Und möglicherweise bist Du's ja auch, selbst noch in Deinem Verjagt-Werden, Explodieren.

Dann aber sind Herr N.s Frage und meine Epistel lachhaft. Lachhaft wie ich selber. Nie bist Du mir, wie einem Heiligen etwa, unvergeßlich erschienen, so daß ich vor Deiner Majestät zitternd erschrocken wäre. Vor Menschen habe ich immer mehr gezittert, mehr Angst gehabt als vor Dir. Deswegen schätze ich seltene Liebe und Freundschaft so sehr, daß ich oft meine, Dich in ihr zu erfahren. Dich, der Du immer schon da warst, ohne gekommen zu sein. O Gott, was für Widersprüche wieder! Doch just in ihnen berührst Du mich, der Du weit größere, ja ungeheuerliche Widersprüche aushalten mußt, zuweilen aber nicht mehr aushalten kannst, weil wir uns, als üble Spielgefährten, längst nicht mehr an die Regeln halten. Was bleibt uns außer dem Seufzer: Mein Gott!?

Brief II

Lieber Herr N.,

auf den obigen – ich gebe zu: hilflos verwirrten – Brief ist keine Antwort eingetroffen, etwa in Gestalt eines plötzlichen Erinnerungsblitzes. Nichts zu machen demnach. Die Göttin Gott, falls es sie noch nicht verjagt hat, dürfte Wichtigeres zu tun haben. Traurig bin ich deswegen nicht. Ich wuchs in einer kleinbürgerlichen Geborgenheit auf, die Gott kaum verbalisiert, ihn aber – in Liebe, in Verläßlichkeit – als Alltäglichkeit vermittelt hat. Ein Glücksfall, ich weiß, ein Privileg. Bewußt ist mir Gott (jetzt aber ausgesprochen maskulinistisch!) erst später, erst in der Schule und im kirchlichen Unterricht gemacht worden, jedoch so kleinkariert, daß ich schließlich nur noch gegen ihn rebellieren konnte, bis er mir egal wurde. Ein Gott, der mit

Gnade und Strafe wie mit Waren handelte, die eine abwägend gegen die andere. Ein bourgeoiser Krämergott! Freiheit war, sobald ein Lehrer sie zu erklären begann, alsbald ihr Gegenteil, nämlich Gehorsam. So gedieh auch die Rechtfertigung des Sünders immer nur zur Rechtfertigung der herrschenden Verhältnisse. Allmählich wurde mir klar, daß Gott, wenn es ihn geben sollte, ganz anders sein muß. Woher diese Klarheit? Sie hat ihren Ursprung im Dunkel meiner Kindheit, die dunkel nur insofern ist, als ich eben keine bestimmten Erlebnisse, Ereignisse zu nennen wüßte, denen ich diese Klarheit verdanke. Gott ist das verläßliche Dunkel hinter mir, dem die Klarheit entsprang, daß er/sie weltlicher, sinnlicher, näher ist, als wir's zu hören bekamen. Mehr weiß ich nicht zu sagen. »Die Rätsel Gottes sind befriedigender als die Lösungen der Menschen« (Chesterton) – diese tendieren jetzt immer alarmierender auf End-Lösungen hin. Für mich gehört zur genannten »Klarheit« jedoch die absolute – o ja: ABSOLUTE! – Gewißheit: die Göttin Gott IST nicht eine Endlösung, er/sie HAT auch keine, sie/er WILL auch keine. Das tiefste Gottesrätsel ist seine/ihre Leidenschaft zum Leben, der unser Planet Erde ein im All einzigartiges, privilegiertes Dasein verdankt. Ob ich mit den Wörtern »Spiel«, »Spieler/Spielerin« darauf hinaus wollte? Lieber Herr N., ich weiß nicht, wo mir der Kopf steht – wissen Sie es? Mit freundlichen Grüßen.

Versuch einer theologischen Definition der Literatur

»... Alles ist Wunder
In des Ewigem tiefem Entwurf.«

So sang Klopstock im »Messias«.[1] Kafka äußerte im Gespräch: »Das Gewöhnliche selbst ist ja schon ein Wunder!«[2] Das Gewöhnliche: eine Frau, die auf dem Trottoir den Schuh auszieht, um den Nagel, der ihr wehtat, herauszuholen[3]; oder ein simpler Griff nach den Pflaumen im Eisschrank:

»Ich habe die Pflaumen
gegessen
die im Eisschrank
waren

du wolltest
sie sicher
fürs Frühstück
aufheben

Verzeih mir
sie waren herrlich
so süß
und so kalt«[4]

Eine Zettelnachricht, Banalität ehelichen Alltags, von William Carlos Williams aufgezeichnet – und schon diese nackte Aufzeichnung bestätigt Aguirres Aphorismus: »Die Magie der Existenz ist ungeheuer. Aufgabe der Sprache: sie zu offenbaren, nicht sie zu ersetzen.«[5] Das Aufblitzen des Wunders, der »Magie der Existenz«, nennt James Joyce »Epiphanie«: »Die Seele des gewöhnlichsten Objekts ... scheint uns zu strahlen. Das Objekt vollendet seine Epiphanie.«[6] »Epiphanie« meint also das Aufleuchten eines Gegenstandes in einem Augenblick vollkommener, erleuchteter Präsenz. Ein Aufleuchten, ein Aufblitzen nur – aber Literatur ist in ihren besten Realisationen ein Wirkmuster solcher »Epiphanien«, in denen das »Gewöhnliche« plötzlich in einem Moment überwältigender Helligkeit transparent wird auf Ungewöhnliches, Ungewohntes hin.

Literatur ist noch anderes als ihre gesellschaftliche Funktion. Sie ist Ausdruck. Vor dem Horizont der Sprachlosigkeit wird ihr schon nur das pure Sprechen-Können zum Wunder. Sollte vielleicht auch die »Magie der Existenz«, die in »Epiphanien« aufblitzt, als »Wunder« zu definieren sein? So daß die wahre Wirklichkeit, hinter welcher die Sprache literarischer Texte immer her ist, »das« Wunder wäre? Das Wunder als »die Substanz, von der das Leben zehrt«[7], aber ebensosehr als die Zukunft, welche antizipiert wird? Ist es das, was z. B. der amerikanische Lyriker Wallace Stevens meint mit dem Satz: »Dichtung ist ein Suchen nach dem Unerklärbaren«?[8] In seinem Gedicht »Einführung in die Poetik« spricht der Pole Zbigniew Bienkowski vom »ungepriesenen Wunder der Wirklichkeit«[9] und vom Sinn, »wenn du zur Sache, an den Wunderort der Wirklichkeit pilgerst«.[10] Äußerungen ähnlicher Art ließen sich von vielen Autoren verschiedener Herkunft beibringen. Immer wieder stößt man auf die Erwartung, der eigentliche Kern der Wirklichkeit sei ein Wunder. Ist es das Wunder des Seins überhaupt, das Wunder, daß – philosophisch gesprochen – etwas ist und nicht nichts? Oder wird vermutet, daß die Wirklichkeit noch unbekannte Dimensionen berge, die je und dann in »Epiphanien« aufblitzen?

»Es könnte sich begeben, daß die Sterne lachen,
aber auch, daß das Weltall schweigt« (Pasternak).[11]

Ist am Ende die Wirklichkeit nur Chiffre, die Welt »eine immerwährende Metapher«[12]? Auf alle diese Fragen gibt es keine Antwort. Es läßt sich nur festhalten, daß die Fragen selbst den nie einzuholenden Rückstand des Sprachprozesses hinter dem Weltprozeß, der Literatur hinter der Wirklichkeit anzeigen. Nur im Wort Gottes sind Sprachprozeß und Weltprozeß, sind Wort und Wirklichkeit unmittelbar zueinander: das Wort Gottes ist Tat-Wort, Schöpfungs-Wort. Es setzt Wirklichkeit, und Wirklichkeit kommt in ihm als dem Schöpfer-Wort vollkommen zum Ausdruck. Sollte dieses Wunder, das Wunder der Schöpfung durch Gottes Wort, insgeheim jener Kern der Wirklichkeit sein, zu dem Literatur immer wieder vorzustoßen versucht und den sie doch nie erreichen kann? Wenn diese Möglichkeit als Hypothese zugelassen wird, ist Literatur dann zu verstehen als Bewegung auf den eschatologischen Tag der Vollendung und Offenbarung hin, oder ist sie – die Bewegung, der Griff nach der verbotenen Frucht, die dem Menschen Gottgleichheit verheißt?

Die unmögliche Möglichkeit, daß Menschenwort sich an die Stelle des schöpferischen Gotteswortes setzt, wird immer wieder als Theorie lanciert oder als – vergeblicher! – Wunschtraum geträumt. Ich zitiere zwei in ihrer Extremität signifikante Beispiele. Francis Ponge proklamiert: »Le Verbe est Dieu. Je suis le Verbe! Il n'y a que le Verbe!«[13] Antonin Artaud, der Dichter und Schauspieler, schrieb: »Wenn ich ein Gedicht rezitiere, will ich nicht

Beifall erhalten, sondern Körper von Männern und Frauen, ich sage Körper, fühlen, wie sie zittern und sich drehen im Einklang mit dem meinen, drehend, wie man sich in der stumpfen Kontemplation des Buddha sitzend mit eingerichteten Schenkeln und freiem Geschlecht in der Seele dreht, das heißt in der körperlichen und wirklichen Materialisation eines vollständig poetischen Wesens. Ich will, daß die Gedichte von François Villon, von Charles Baudelaire, von Edgar Poe oder von Gérard de Nerval wahr werden ...«[14]

Ponge und Artaud – beide wollen Menschenwort als Schöpfungswort. Wo jedoch Gedichte nicht wahr sind, sondern wahr werden wollen, indem sie sich »materialisieren« und den Menschen als Geschöpf der Poesie neu erschaffen wollen – da stehen wir an der Grenze der Literatur, wo diese zu leisten versucht, was sie niemals leisten kann. Die Selbstvergötzung des Dichters und die Absolutsetzung seines Wortes ist nicht weniger, nur im Effekt ungefährlicher totalitär als eine Gesellschaft, die sich selber deifiziert.

An der Grenze, wo literarische Texte das Unmögliche versuchen, bewegt sich, wenn auch harmloser, Allen Ginsberg, der in der Fußnote zu seinem Gedicht »Howl« ein fulminantes »Sanctus« anstimmt:

»Heilig! Heilig! Heilig! Heilig! Heilig! Heilig! Heilig!
Heilig!
Heilig! Heilig! Heilig! Heilig! Heilig! Heilig!
Heilig!
...
Alles ist heilig! Jeder ist heilig! überall ist heilig!
jeder Tag ist

in Ewigkeit! Jedermann ist ein Engel!
...
Heilig New York Heilig San Franzisko Heilig Peoria und Seattle
Heilig Paris Heilig Tanger Heilig Moskau Heilig Istanbul!
Heilig Zeit in Ewigkeit heilig Ewigkeit in Zeit heilig die Uhren im Raum heilig die vierte Dimension heilig die fünfte Internationale heilig der Engel im Moloch ...«[15]

Diese Proklamation äfft einen Akt nach, den nur Gott vollziehen kann und dann vollziehen wird, wenn Er »alles in allem« (1. Korinther 15,28) und die Sanktifikation der Schöpfung keine bloß rhetorische Phrase mehr sein wird.

Literatur ist Menschenwerk. Sie schafft keine neue Welt, sie setzt alte Welt voraus und ist selber ein Stück von ihr. Sie erweitert Sprache ins noch Ungesagte, Illiterate, auf der Suche nach der wahren und ganzen Wirklichkeit, vielleicht nach dem »Wunder« – aber diese Wirklichkeit, allenfalls dieses »Wunder«, ist nicht ihr Werk, ist nicht menschliche »poiesis«, sondern göttliche.[16] Hier wird nicht Prometheus, sondern Abraham die wahre Wirklichkeit finden – indem er gefunden, d. h. erwählt wird von Gott und dieser Erwählung gehorcht. »Prometheus ist der Mensch, wie ihn die Griechen verstanden. Sie verstanden den Menschen, der in ihren Augen in Wahrheit Mensch war, als poietes. Das griechische Wort poietes bedeutet nicht bloß Dichter. Poiein bedeutet machen, erzeugen. Poietes ist der Mensch, der Dinge hervorbringt. Der Mensch ist der Erzeuger von Dingen, seien sie Kunstwerke oder Städte, Gedichte oder Waffen, Haushaltungsgegenstände oder Paläste, Staaten oder Kulturen. Prometheus ist der Erzeuger von Dingen, er ist das Geschöpf, das Schöpfer sein will. Abraham gibt das auf, was für den schöpferischen Menschen alles ist: seine von ihm selbst gestaltete Zukunft.«[17]

Das ist die unüberschreitbare Grenze, das demütigende Paradoxon aller »Poesie«: Prometheus scheitert, und Abraham, der alles »poiein« hinter sich zurückläßt, bekommt die wahre Wirklichkeit, das »Wunder« und damit die Zukunft, hinter der das »poiein« unablässig her ist, geschenkt.

Der Vorarbeiter, der in den »Angaben zu den merkwürdigen Umständen eines Unfalls« von Guido Haas ins Arbeitskleid steigt »wie ein Pfaffe in seinen Meßrock«, sucht die unterirdische, unbekannte, in keinen Plänen eingezeichnete Leitung in den Abwasserkanälen einer Vorstadt, die »ohne Zweifel ins ungeschmälerte Zentrum« führt – aber eine einbrechende Stützmauer erschlägt und begräbt den Suchenden.[18] Die Frage bleibt offen, ob er gescheitert ist oder ob er in diesem Scheitern fand oder gefunden wurde und so doch ins »ungeschmälerte Zentrum« gelangte. Es ist die Frage, die über jedem Menschenwerk und jeder »Poesie« offenbleibt und auf die nur der Glaube seine paradoxe Antwort zu geben wagt, wie Dürrenmatt in seiner Erzählung »Der Tunnel«. Dürrenmatt beschreibt einen Schnellzug, der in einen nie mehr endenden Tunnel einfährt und dort rasend in schwarze Finsternis hinein- und hinabstürzt. Wohin? »Gott ließ uns fallen, und so stürzen wir denn auf ihn zu.«[19]

Im Lichte dieses Paradoxons der Gnade darf der Christ auch die Literatur sehen, darf er auch ihr die Freiheit zum Versuchen, Experimentieren, zum Gelingen und Scheitern zugestehen. Vor dem Horizont der eschatologischen Befreiung darf und soll auch menschliche Freiheit in Form literarischer Texte gewagt werden. Wie im menschlichen Leben überhaupt, so ist auch in der Literatur dem prometheischen »poiein« eine Grenze gesetzt, deren Verlauf faktisch jedoch nur durch die Erfahrung vieler Irrwege, Übergriffe und Rückschläge festgestellt werden kann. Deshalb darf es nicht verwundern, daß die Literatur gerade in diesem Grenzraum sich oft genug ins Unmögliche versteigt, daß immer wieder Schriftsteller diese Kühnheit mit einem literarischen, moralischen, psychischen oder auch physischen Absturz persönlich bezahlen müssen. Der Teufel lauert an allen Ecken, und oft hat er bei den schönen Höhenflügen der Dichtung mehr zu lachen als bei den schrecklichen Abstürzen der Scheiternden. Nach André Gide kann kein Kunstwerk ohne »dämonische Mitwirkung« geschaffen werden.[20] Aber das gilt nicht nur vom Kunstwerk. Man kann der Dämonie des Daseins nicht entrinnen, sagt Olov Hartmann richtig, »wenn man der Kunst Lebewohl sagt und zu bürgerlichen Beschäftigungen übergeht. Ebensowenig kann man ihr durch eine Temperatursenkung der Vitalität ausweichen. Es ist ein Irrtum, daß man in einer Multiplikationstabelle sicherer vor dem Teufel sein sollte als in einem Strindberg-Drama, und daß in einer Photographie weniger Dämonie stecke als in einem Gemälde von Hieronymus Bosch. Der Unterschied besteht in Wahrheit darin, daß der Künstler ein wenig ehrlicher ist als die Multiplikationstabelle und die Kamera. Die Dämonie der Kunst läßt sich also nicht umgehen. Auf diesem Boden ist alles voller Gefahren. Die Nachbarschaft zu Gottes eigenem Schöpfertum ist gefährlich, die künstlerische Lebensintensität ist gefährlich, die unkontrollierbare Wanderung des künstlerischen Werkes durch die Welt ist eitel Gefahr. Aber das Leben selbst ist ja gefährlich. Liebe, Politik, Moral – überall stehen wir in einer Gefahrenzone. Das Problem Kunst und Christentum hat am Ende die gleiche Spannung wie der Versuch, zu leben und dabei Christ zu sein.«[21] Die Grenze, die allem menschlichen und so auch dem literarischen »poiein« gesetzt ist, verweist die prometheischen Ambitionen des Menschen immer wieder zurück in den ihm abgesteckten Raum realer Möglichkeiten. Was mit dem Schöpfer konkurrieren wollte, darf als literarischer Text seinen effektiven Nutzen – confusione hominum et providentia Dei – bescheiden darin erreichen, daß es ein bißchen mithelfen darf, die Gesellschaft offen zu halten und so zu ihrem humanen Funktionieren beizutragen.

Innerhalb der ihr gezogenen Grenzen, die identisch sind mit den dem Geschöpf schlechthin gezogenen Grenzen, nehmen literarische Texte Stellung zur vorgefundenen Welt. Sie tun das nicht in der Form theoretischer Erörterung, sondern kreativ, indem sie Welt zur Sprache bringen. Zur Sprache bringen heißt immer auch: interpretieren. Jede Sprache ist eine Interpretation der Wirklichkeit.[22] In der Muttersprache finden wir eine solche Interpretation immer schon vor. Der Schriftsteller erweitert diese vorgefundene Sprache auf neue, noch nicht Sprache gewordene Wirklichkeiten hin. Damit variiert und verändert er die vorgefundene Welt-Interpretation, wenn auch nur um Nuancen. Grundsätzlich kann sich diese Interpretation immer nur zwischen zwei Polen bewegen, einem positiven und einem negativen: die vorgefundene Welt kann entweder bejaht oder verneint, geliebt oder gehaßt, gelobt oder getadelt werden. Das sind die beiden Pole, und in der Spannung zwischen diesen beiden Polen bewegt sich alle Literatur.

Dabei ist nun allerdings sofort zu sagen, daß eine absolute Verneinung der Welt, ein absoluter Haß gegen sie keine literarischen Texte hervorbringt. Die absolute Negation müßte sich konsequenterweise auch gegen die Sprache selbst richten. Die Form dieser Negation könnte nur das Verstummen, die Wahl der Sprachlosigkeit sein. Die technische »Machbarkeit« des Endes unserer Welt hat diese Möglichkeit absoluter Negation zu einem Gegenstand menschlicher Entscheidung gemacht. Wir reden hier also durchaus nicht von hypothetischen Möglichkeiten. Aber Literatur kann ihrem Wesen nach nicht absolut negativ sein. Zumindest ihr Verhältnis zur Sprache ist positiv. Sonst gäbe es sie gar nicht.

Wenn wir die Unterscheidung aufnehmen, die seit der Antike immer wieder gemacht worden ist und die besagt, daß Dichtung entweder Lob oder Tadel sei, dann müßte also festgestellt werden: Literatur ist auf jeden Fall Lob der Sprache! Das ist die conditio sine qua non ihrer Existenz und hat nichts mit der Aussage der Texte zu tun. Es kann sich um die Formulierung ätzender Kritik, um einen Ausbruch bitteren Hasses, es kann sich um einen »inhaltlosen« Text handeln – die Mühe der Niederschrift und die Arbeit an ihrer Sprache demonstrieren ex opere operato Bejahung und Lob der Sprache.

Literatur ist Lob der Sprache. Moderne Literatur ist im besonderen: Lob der Sprache vor dem Horizont der Sprachlosigkeit.

Damit haben wir eine Definition von Literatur gewonnen, die alle literarischen Texte einschließt. Zugleich hoffen wir so die theologische Funktion aller, auch nichtchristlicher literarischer Texte, einsichtig machen zu können.

Natürlich gibt es in der Literatur Texte, in denen das Lob der Sprache ausgeweitet wird zum Lob der Welt oder sogar allgemein-religiös oder spezifisch-christlich: zum Lob der Schöpfung, der Geschöpfe und des Schöpfers. Lob-Dichtung, »enkomiastische« Dichtung, wie Goethe formuliert (von enkomion = Lob), der das Lob ebenfalls als Inbegriff aller Poesie gedeutet hat[23] – das gab es von jeher, das gibt es auch heute. Mit einer Ausnahme allerdings: in der Lyrik ist das Herrscherlob, in früheren Jahrhunderten eine selbstverständliche Form poetischer Aussage, unmöglich geworden: »die poetische Sprache versagt sich jedem, der sie benutzen will, um den Namen der Herrschenden zu tradieren«.[24] Aber sonst: Lob in allen denkbaren Variationen! Lob von Menschen, von Landschaften, von Städten: was ist z. B. James Joyces »Ulysses« anderes als ein Lob der Stadt Dublin? Lob in der Form von Klage, von Kritik, Lob als uneingeschränkte Bejahung – trotz allem! Mit Absicht schließt der »Ulysses«, um nur bei diesem Beispiel zu bleiben, mit dem Wort »Yes«, mit einem sogar wiederholten und betonten »Ja«.[25] Was ist dieses »Ja« anderes als Lob? Lob der Welt ist auch das »Ja« E. E. Cummings':

»liebe ist ein platz
& durch diesen liebes
platz bewegen sich
(mit der leuchte des friedens)
alle plätze

ja ist eine welt
& in dieser Welt des
ja leben

(und gelten)
alle welten«[26]

Wir haben zufällige Beispiele herausgegriffen. Sie lassen sich beliebig vermehren. Ein großer Teil der Literatur ist Lob der Welt, des Menschen, also Lob noch über das mit der Existenz literarischer Texte gegebene Lob der Sprache hinaus.

Auch das Lob Gottes, das Lob des Schöpfers findet sich keineswegs nur in kirchlich-liturgischen Texten oder in Texten christlicher Autoren. Ein der Kirche so fernstehender Mann wie Henry Miller konnte sagen: »Alles ist erschaffen, alles ist vorausgesehen ... und doch herrscht Freiheit. Freiheit, um Gottes Lob zu singen. Dies ist die höchste Leistung, die der Mensch vollbringen kann ...«[27] Man wird allerdings gut daran tun, nicht nur bei Miller, sondern immer wieder kritisch zu fragen, wen oder was ein Autor nun eigentlich unter dem Begriff »Gott« verstanden haben möchte. Die Vokabel findet sich in der Literatur, zumal in der Lyrik, verdächtig oft. Ebensowenig wie die Gottesaussagen der Theologie können literarische Texte der fundamentalkritischen Frage Ludwig Feuerbachs entzogen werden, die mit seinem Satz gegeben ist: »Der Gott des Menschen ist nichts anderes als das vergötterte Wesen des Menschen.«[28] Dies gesagt und von Fall zu Fall immer wieder kritisch zur Geltung gebracht, muß aber ebenso ernsthaft mit der Möglichkeit gerechnet werden, daß wahrhaftiges und vollmächtiges Lob Gottes auch mitten aus der zweideutigen »Welt« der kirchenfernen Literatur ertönen kann. Das dürfte vor allem dann der Fall sein, wenn das Gotteslob der christlichen Gemeinde zu verstummen droht, wenn sich die einzelnen Christen seiner entwöhnt haben. Hans-Eckehard Bahr glaubt, daß das heute weitgehend der Fall sei: »Die Sorge um das eigene Leben raubt heute der Kirche die Gelassenheit und hilaritas. Weil wir uns selbst zum Thema geworden sind, hat sich auch das Loben aus unserem Leben verflüchtigt.«[29] Wo aber das Lob des Volkes Gottes verstummt oder unglaubwürdig geworden ist, da vermag »Gott dem Abraham aus diesen Steinen Kinder zu erwecken« (Matthäus 3,9). »Aus diesen Steinen«: das kann auch die Literatur sein, deren Autoren sonst eher als Prometheus- denn als Abrahamssöhne gelten.

Der Normalfall müßte sein, daß das Gotteslob vor allem in der christlichen Gemeinde laut wird und in der Literatur durch christliche Autoren. Aber gerade der Autor, der Christ ist, wird sich heute sehr hüten vor allem, was nach christlicher Rhetorik aussieht oder auch nur aussehen könnte. Er wird äußerst zurückhaltend sein in der literarischen Setzung der Vokabel »Gott«. Er wird, wie Elisabeth Brock-Sulzer von Dürrenmatt sagt, sich mehr als alle andern dessen bewußt sein, »daß die Kunst der Religion nicht angemessen und nicht gewachsen ist«. Gerade der christliche Autor wird es, wie Dietrich Bonhoeffer, immer besser verstehen, »daß die Israeliten den Namen Gottes nie aussprachen ...«[30] Das Nicht-Nennen des Namens Gottes in Israel wahrt Gottes Unverfügbarkeit und Freiheit und will der permanenten Gefahr wehren, daß der Gottesbegriff – nach Feuerbach – nichts anderes wird »als das vergötterte Wesen des Menschen«. Bonhoeffer schreibt: »Nur wenn man die Unaussprechlichkeit des Namens Gottes kennt, darf man auch einmal den Namen Jesus Christus aussprechen; nur wenn man das Leben und die Erde so liebt, daß mit ihr alles verloren und zu Ende zu sein scheint, darf man an die Auferstehung der Toten und eine neue Welt glauben; nur wenn man das Gesetz Gottes über sich gelten läßt, darf man wohl auch einmal von Gnade sprechen, und nur wenn der Zorn und die Rache Gottes über seine Feinde als gültige Wirklichkeit stehen bleiben, kann von Vergebung und von Feindesliebe etwas unser Herz berühren. Wer zu schnell und zu direkt neutestamentlich sein und empfinden will, ist meines Erachtens kein Christ.«[31] Diese Sätze Bonhoeffers lesen sich wie ein Kommentar zu der »Verbannung hin zum Menschen«, mit welcher Formel Elisabeth Brock-Sulzer den Standort Dürrenmatts zu definieren versucht. In ähnlicher Weise müßte auch die Arbeit von Autoren wie Eliot, Auden, Greene, Böll beschrieben werden. Wie kann aber ein Text, in welchem Gott nur selten oder gar nicht genannt wird, der Welt und nicht Kirche, nicht einmal »christliche« Welt, zur Sprache bringt, Gotteslob sein? Das ist die Frage. Sie wird sich nur im einzelnen Fall, anhand der konkreten Texte beantworten lassen. Rudolf Bohren z. B. hat versucht, die Frage für die Komödie »Die Ehe des Herrn Mississippi« positiv so zu beantworten: »Der Maßstab, an dem das menschliche Tun zur ewigen Komödie wird, ist Gottes freie Gnade.«[32]

Lob Gottes ist eine Möglichkeit der Literatur, wenn auch nicht ihr Wesen. Lob Gottes auch in der überraschenden, aber gewiß einleuchtenden Formulierung in Allen Ginsbergs Gedicht »LSD«:

»ich danke Gott daß ich nicht Gott bin! dafür danke ich Gott!«[33]

Das erinnert an Albert Camus' Maxime: »Die einzige Richtschnur, die heute originell ist: leben und sterben lernen und, um Mensch zu sein, sich weigern, Gott zu sein.«[34] Deutet sich vielleicht in solchen Sätzen eine neue Form an, von Gott zu reden, ihn vielleicht sogar zu loben?

Dem Lob Gottes als einer Möglichkeit entspricht die Verneinung des Lobs als die andere Möglichkeit. Sie kann in der Form einer Parodie vollzogen werden wie in Bert Brechts großem Dankchoral:

»Lobet die Nacht und die Finsternis, die euch umfangen!
Kommet zuhauf
schaut in den Himmel hinauf:
Schon ist der Tag euch vergangen.

Lobet das Gras und die Tiere, die neben euch leben und sterben!
Sehet, wie ihr
lebet das Gras und das Tier
und es muß auch mit euch sterben.

Lobet den Baum, der aus Aas aufwächst jauchzend zum Himmel!
Lobet das Aas
lobet den Baum, der es fraß
aber auch lobet den Himmel.

Lobet von Herzen das schlechte Gedächtnis des Himmels!
Und daß er nicht
weiß euren Nam' noch Gesicht
niemand weiß, daß ihr noch da seid.

Lobet die Kälte, die Finsternis und das Verderben!
Schauet hinan:

Es kommt nicht auf euch an
und ihr könnt unbesorgt sterben.«[35]

Die Weigerung, die Schöpfung als gut und in ihr den guten Schöpfer zu loben, zieht sich auch durch das Prosawerk Arno Schmidts. In seinem Frühwerk »Leviathan oder die beste der Welten« heißt es: »Einmal ganz fern erdbebengleiches Rollen. Wie ein Riesenluftangriff. Dresden? Gott spaziert auf Bombenteppichen.«[36] Gott? Der Herr der Welt, nicht nur der Geschichte, sondern auch der Natur, ist für Schmidt ein Dämon, ist Leviathan: »Um das Wesen des besagten Dämons zu beurteilen, müssen wir uns außer uns und in uns umsehen. Wir selbst sind ja ein Teil von ihm: was muß also Er erst für ein Satan sein?! Und die Welt gar schön und wohleingerichtet finden, kann wohl nur der Herr von Leibniz (›von‹ und siehe hierzu Klopstocks Anmerkungen in der Gelehrtenrepublik), der nicht genug bewundern mag, daß die Erdachse so weise schief steht, oder Matthias Claudius, der den ganzen Tag vor christlicher Freude sich wälzen und schreien wollte, und andere geistige Schwyzer. Diese Welt ist etwas, das besser nicht wäre; wer anders sagt, der lügt! Denken Sie an die Weltmechanismen: Fressen und Geilheit, Wuchern und Ersticken. Zuweilen ein reines Formgefühl: Kristalle, die Radiolarientafeln Haeckels ...«[37] Einziger »Trost«: Auch der Leviathan stirbt.

Lob Gottes und Verneinung dieses Lobs – beide stehen sich wie in der Welt so auch in der Literatur gegenüber. Doch ist z. B. gerade Arno Schmidt ein leidenschaftlicher, genialer Sprachfinder und -erfinder, der, auch wenn er das Gegenteil eines »Lobsängers« ist, kreativ und unermüdlich Sprache lobt. Nur ist dieses Lob keineswegs Lob der

Schöpfung im christlichen Sinn, enthält kein Lob des Schöpfers. Wenn wir Literatur als Lob der Sprache definieren, dann muß, um der Allgemeingültigkeit dieser Definition willen, betont werden, daß sie nicht mehr einschließt, als sie aussagt. Lob der Sprache – das ist schlechthin jeder literarische Text, das sind auch die Verse (wie könnten es sonst Verse sein?) Wladimir Majakowskis, der marxistisch resolut proklamierte:

»Es wimmelt noch
von Lumpen
und von Schändern.
Es gibt genug zu tun
sich zu beweisen.
Man muß
zuerst
das Leben ändern
und erst danach
lobpreisen.«[38]

Was die Sprache betrifft, dementiert Majakowski sich selbst; ein Gedicht ist Lob der Sprache, bevor das Leben geändert worden ist, es kann auf diese Änderung nicht warten, es setzt dieses Lob hier und jetzt – oder das Gedicht entsteht gar nicht.

Literatur als menschliche Äußerungsform, die ihrem Wesen nach, ex opere operato, Lob der Sprache ist, ist also nicht notwendig Lob des Schöpfers oder der Schöpfung. Dem Christen ist es erlaubt, ihre faktische Existenz im Lichte seines Glaubens zu sehen. Das Lob der Sprache erinnert ihn an die Auszeichnung und an den Auftrag des Menschen, die damit gegeben sind, daß dem Menschen die Fähigkeit des Sprechens durch Gott verliehen worden ist.

Das Lob der Sprache erinnert ihn ferner an die Zuwendung Gottes zu uns, die sich darin vollzog, daß Gott in Jesus Christus sich selber zur Sprache brachte, zu unserer menschlichen Sprache! Diese Zuwendung geschah konkret: Gott kam zunächst in einem Provinzdialekt (Aramäisch) zur Sprache, überschritt jedoch diese provinzielle Begrenzung und hob – an Pfingsten – in eschatologischer Vorwegnahme und zeichenhaft die Sprachgrenzen überhaupt auf. Alle Sprachen, Sprache schlechthin, wird damit als Ort seines Kommens markiert. Ein Christ, der sich diese Zusammenhänge vergegenwärtigt, wird in der Literatur nicht nur ein Humanum par excellence, sondern ein providentielles Zeichen sehen: ein Zeichen, das mitten in der Welt auf deren Ursprung und Ziel, auf Gott und sein Wort, verweist. Von Franz von Assisi wird erzählt, er habe jeden Fetzen Papier sorgfältig vom Weg aufgehoben aus Furcht, mit seinem Fuße vielleicht den Namen Gottes oder einen Text, der von göttlichen Dingen handelt, zu beschmutzen. Auf die Frage eines Schülers, warum er mit der gleichen Sorgfalt auch Texte heidnischer Autoren behandle, habe er geantwortet: »Mon fils, c'est parce que j'y trouve les lettres dont se compose le glorieux nom de Dieu.«[39] Dieser Respekt vor den Zeichen des Alphabets mag ein Gleichnis sein für den Respekt, den der Christ dem Zeichen der Literatur entgegenbringen soll. Das freilich zeigt die Gleichnishandlung des Franziskus ebenfalls: Nur wer vom Glauben, vom Wort Gottes schon herkommt, vermag Literatur als Zeichen, das auf Gottes Wort verweist, zu sehen. So wird auch nur, wer auf das Kommen Gottes wartet, die eschatologische Zukunft der Literatur überhaupt bedenken können. Wenn Literatur Lob der Sprache ist, dann ist ihre eschatologische Zukunft die

Sprache des Lobs. So wie jetzt alle Literatur Lob der Sprache ist, wird dann alle Sprache Lob sein. Nicht nur alle Literatur, sondern alle Sprache wird Lob Gottes und seiner Werke sein! Und in dieses Lob wird wie selbstverständlich auch das Lob der Sprache eingeschlossen sein, so daß es keiner Literatur mehr bedarf und ihr auch niemand eine Träne nachweinen wird. Die Welt der literarischen Texte wird in der neuen Welt ausgedient haben. Der Alptraum von Jorge Luis Borges ist nicht mehr als eben ein Traum. Der argentinische Autor stellt in seiner Erzählung »Die Bibliothek von Babel« eine weitläufig-riesenhafte Bibliothek dar und bemerkt dazu: »Vielleicht spielen mir Alter und Ängstlichkeit einen Streich: aber ich hege die Vermutung, daß die Menschenart – die einzige, die es gibt – im Begriff ist auszusterben, und daß die Bibliothek fortdauern wird: erleuchtet, einsam, unendlich, vollkommen, unbeweglich, gewappnet mit kostbaren Bänden, nutzlos, unverweslich, geheim.«[40] Nein: die Welt der Texte wird den Menschen nicht überleben. Nimmt man jedoch die »Bibliothek« als Symbol für die Welt, so zeigt Borges hier im Gleichnis eine Welt und Literatur vor dem Horizont der Sprachlosigkeit.

Das Ende der Sprache steht als Möglichkeit vor uns und ist mit der Vernichtbarkeit der Menschheit keine irreale Hypothese mehr. Der Mensch selbst greift nach dem Jüngsten Tag. Der »Tag des Herrn« soll, vom Menschen annektiert, zum »Tag des Menschen« werden. Doch der Mensch ist sein eigener, sein schlimmster Feind, der »Tag des Menschen« kann nur ein Tag der Unmenschlichkeit sein. Die Sprache des Menschen, die sich als Wort Gottes setzen möchte, kann nur das Ende der Sprache sein. Vor diesem Horizont der Sprachlosigkeit entsteht Literatur,

entstand sie vielleicht schon immer. War aber dieser Horizont in früherer Zeit nur jenseits der Geschichte sichtbar, so zeichnet er sich jetzt innerhalb der geschichtlichen Zukunft ab. Darum ist moderne Literatur in einem aktuelleren Sinne als jemals früher: Literatur vor dem Horizont der Sprachlosigkeit.

In dieser Situation darf und muß die Kirche glauben und sagen, daß der Mensch nicht sich selber als seinem schlimmsten Feind ausgeliefert bleibt. Er hat in Gott einen verläßlichen Freund, der den Menschen vor sich selbst rettet und seine Gebete erhört, deren tiefster Sinn, wie Olov Hartmann, der schwedische Pfarrer und Schriftsteller, meint, die Bitte ist: »Erlöse uns von uns selber.«[41] In Christus ist der rettende Gott selber Mensch geworden. Ihn, den Dornengekrönten, stellt Pilatus dem Volk und der Welt vor: »Da seht den Menschen!« (Johannes 19,5). »Dieser Mensch ist der Mensch.«[42] Jesus Christus ist der wirkliche Mensch.[43] Der »Tag des Menschen«, den Gott schenkt, ist deshalb nicht der »Tag der Unmenschlichkeit«, den der Mensch selber herbeizuführen fähig ist, sondern der Tag dieses Menschen, der »Tag Jesu Christi« (Philipper 1,6). In ihm will Gott alles zusammenfassen und wiederherstellen, »was in den Himmeln und auf Erden ist« (Epheser 1,10). In ihm fand und findet die Schöpfung ihre und der Mensch seine Stimme wieder. In ihm wird menschliche Sprache zur Sprache des Lobs. An ihm stirbt deshalb die Literatur als Lob der Sprache, um als Sprache des Lobs auferweckt zu werden, befreit zum unverfälschten Lobe Gottes, in welchem Mensch und Kreatur zum reinen Ausdruck ihrer selbst gelangen dürfen. Literatur? Wozu dann noch? »Les livres auront cessé d'exister«, sagt Henry Miller, denn die Fähigkeit vollkommener, unmittelbarer Kommunikation »se trouvera si renforcé que l'art d'écrire n'aura alors pas plus de sens que les grognements inarticulés et rauques d'un idiot«.[44] Was Ernst Jünger vornehmer, gewählter so formuliert: »Wo alles bedeutend wird, da muß die Kunst erlöschen, die auf Unterscheidung, auf Auswahl begründet ist. Ebenso wäre, wo es kein Unkraut, sondern nur Fruchtwuchs gäbe, das Ende der Gärtnerei.«[45]

Wird die eschatologische Sprache des Lobs überhaupt noch der Texte bedürfen als Media menschlichen Ausdrucks? Vielleicht nicht, vielleicht genügt mündliche Sprache vollkommen. Vielleicht wird diese Sprache, so dachte es sich J. C. Lavater, »successiv und momentan zugleich sein«, wird sie »einen ganzen gleichzeitigen Haufen von Bildern, Gedanken, Empfindungen wie ein Gemälde zugleich und auf einmal, und dennoch die successiven mit der größten und wahrhaftesten Schnelligkeit, darstellen«. Mehr noch: diese spontane »Himmelssprache« wird vielleicht nicht nur Lautsprache sein, sondern »physiognomisch, pantomimisch-musikalisch«.[46] Doch selbst die lebhafte Phantasie Lavaters reicht nicht aus, um die Sprache des Lobs auch nur andeutungsweise beschreiben zu können. Vermutlich aber wird sie gesprochene Sprache sein, und zwar von einer derartigen Spontaneität und Dynamik, daß sie die Welt der Texte und die Weltliteratur insgesamt sprengen wird. So dürfte die eingangs festgehaltene Tatsache, daß Christus selbst weder geschrieben noch zu schreiben befohlen hat, ein Zeichen dafür sein, daß das geschriebene Wort auch eschatologisch begrenzt wird vom unmittelbar gesprochenen Wort, daß Literatur als Lob der Sprache ihr Ende findet und aufgehoben wird in der spontanen Sprache des Lobs.

Paul Scheerbart, der skurrile Fauteuilphantast, bemerkt naiv und trocken, aber mit Recht: »... für die Ewigkeit wird überhaupt keine Kunst gemacht: die Ewigkeit ist ja viel zu ausgedehnt. Man muß sich immer rechtzeitig daran gewöhnen, daß alles, was Menschen machen, auch mal zugrunde geht.«[47] Die moderne Literatur ist zum Teil dabei, sich an das Letztere zu gewöhnen, das Zu-Ende-Gehen allen Menschenwerks zu meditieren; die »Machbarkeit« des Endes nötigt sie dazu. Das Ende kann schon morgen sein, wie Gunnar Björling in einem Gedicht »Morgen nacht« sagt:

»Morgen nacht, morgen nacht
ist das Weltall zu Ende geschrieben,
das ist das Ultimatum, und ich
springe zwischen die Zeilen.
Ich frage Junge, frage Alte,
neununddreißig Jahr ging ich in die Lehre.
Und du machst mir Vorwürfe!
Was weiß ich vom Wortstrom?
Ich kann nicht feststehn
wo alles schwankt.
Morgen nacht wird was ich wußte
alles zerrissen,
das ist das Ultimatum, und ich
frage, was feststeht
ehrlich – in allem.«[48]

Auf diese Frage, was feststeht, wird der Christ nur antworten können wie Elisabeth Langgässer: »Nichts bleibt außer dem ›Eckstein Christus‹, dem Erlöser der Menschheit.« Oder wie Friedrich Dürrenmatt: »Gott ließ uns fallen, und so stürzen wir denn auf ihn zu.« Und diese Antwort ist bereits jetzt im Lob der Sprache Lob Gottes, das hinweist auf die Sprache des Lobs im kommenden Reich.

1 F. G. Klopstock: Der Messias, Carlsruhe ^{4}1825, III, S. 165.
2 Gustav Janouch: Gespräche mit Kafka, Frankfurt a. M. 1951, S. 38.
3 Vgl. das Gedicht »Proletarisches Portrait« in William Carlos Williams: Gedichte, Frankfurt a. M. 1962, S. 21.
4 Ebda., S. 93.
5 Raul Gustavo Aguirre: Netze und Gewalten/Notizbuch, Berlin 1961, S. 35.
6 Zit. nach Walter Höllerer: Die Epiphanie als Held des Romans, in: Akzente 2/1961, München, S. 130 f.
7 Ernst Jünger: Strahlungen, Tübingen 1949, S. 323.
8 Wallace Stevens: Der Planet auf dem Tisch, Hamburg 1961, S. 207.
9 Zbigniew Bienkowski: Einführung in die Poetik, Berlin 1961, S. 20.
10 Ebda., S. 35.
11 Boris Pasternak: Die Definition der Poesie, in: Museum der modernen Poesie, Frankfurt a. M. 1960, S. 70.
12 Zbigniew Bienkowski, a. a. O., S. 18.
13 Zit. nach Elisabeth Walter in Max Bense: Rationalismus und Sensibilität, Krefeld und Baden-Baden 1956, S. 33.
14 Antonin Artaud: Briefe, in: bätter + bilder 14, Würzburg, Sept./Nov. 1961, S. 21.
15 Allen Ginsberg: Das Geheul, Wiesbaden 1959, S. 35 ff.
16 Nach Röm. 1,20: Gottes Werke sind seine Poeme, aus denen seine Kraft und Gottheit zu ersehen wäre.
17 Ignaz Maybaum: Die Opferung Isaaks, in: Evangelische Theologie, München Juni 1957, S. 250 f.
18 Guido Haas: Passgang, Bern 1961.
19 Friedrich Dürrenmatt: Die Stadt, Zürich 1952, S. 157.
20 Olov Hartmann: Kunst und Christentum, Hamburg o. J., S. 15.
21 Ebda., S. 19. – Vgl. dazu auch Conrad Willem Mönnich: Pilgerwege. Begegnungen mit der Kultur, München 1956.
22 Vgl. Hermann Noack: Sprache und Offenbarung, Gütersloh 1960, S. 17 ff.
23 Vgl. Ernst Robert Curtius: Kritische Essays zur europäischen Literatur, Bern 1950, S. 53 f.
24 Hans Magnus Enzensberger: Poesie und Politik. In: Einzelheiten, Frankfurt a. M. 1962, S. 345.

25 James Joyce: Ulysses, Berlin 1980 II, S. 498.
26 In: Perspektiven 2, Frankfurt a. M. 1953, S. 49.
27 Henry Miller: Vom großen Aufstand, Zürich 1954, S. 163.
28 Ludwig Feuerbach: Das Wesen der Religion, Leipzig 1908, S. 10.
29 Hans-Eckehard Bahr: Poiesis–Theologische Untersuchung der Kunst, Stuttgart 1961, S. 294.
30 Dietrich Bonhoeffer: Widerstand und Ergebung, Berlin ^{5}1982, S. 154.
31 Ebda., S. 112 f.
32 Rudolf Bohren: Komödie als Gotteslob? Kirchenblatt für die reformierte Schweiz, 108. Jg., Nr. 14, 3. Juli 1952.
33 In: Augenblick 2/5, Siegen, April–Juni 1961, S. 23.
34 Albert Camus: Der Mensch in der Revolte, Hamburg 1958, S. 329.
35 Zit. nach: Museum der modernen Poesie, Frankfurt a. M. 1960, S. 216 f.
36 Arno Schmidt: Leviathan, Hamburg 1949, S. 72.
37 Ebda., S. 66.
38 Zit. nach: Museum der modernen Poesie, Frankfurt a. M. 1960, S. 173.
39 Zit. nach A. F. Ozanam: Les poètes franciscains en Italie au treizième siècle, Paris 1882, S. 55.
40 Jorge Luis Borges: Labyrinthe, München 1959, S. 196.
41 Olov Hartmann: Die Nacht leuchtet wie der Tag, Hamburg 1953, S. 63.
42 Karl Barth: Dogmatik III/2, Zollikon-Zürich 1948, S. 49.
43 Vgl. dazu Karl Barth, a. a. O., S. 158 ff.
44 Henry Miller: Sexus I, Paris 1949, S. 32.
45 Ernst Jünger: Strahlungen, Tübingen 1949, S. 333.
46 J. C. Lavater: Aussichten in die Ewigkeit, in: Ausgewählte Schriften V, Zürich 1842, S. 226.
47 Zit. in der Einleitung zu: Verschollene und Vergessene – Paul Scheerbart, Wiesbaden 1955, S. 7.
48 Zit. nach Museum der modernen Poesie, Frankfurt a. M. 1960, S. 319.

Literatur als Medium der Langsamkeit

Nie zuvor sind so viele Bücher erschienen, ist so viel geschrieben und gelesen worden wie heute. Da seht ihr's, Wachstum auch da! jubelt der neue Optimismus, den uns sub specie exterminationis, angesichts der möglichen Vernichtung, just jene einreden wollen, die diese Vernichtung gewinnträchtig vorbereiten. Auch Tannen bringen jetzt so viele Tannzapfen hervor wie noch nie. Doch ist diese Überproduktion ein Aufbäumen des Lebens angesichts des nahen Endes.

Erstmals könne, wer heute schreibt, nicht mehr mit einer lesenden Nachwelt rechnen, hat Max Frisch gesagt. Um so wichtiger wird die lesende Mitwelt, um so nötiger eine öffentliche Literaturförderung, die nicht die nachträglichen Urteile der Literaturgeschichte abwartet.

Doch was vermag Literatur überhaupt noch?

Wenig genug. Wir leben im Zeitalter der Geschwindigkeit. Die Arbeitsvorgänge werden durch Computer immer mehr beschleunigt. Macht manifestiert sich heute in der Form von Geschwindigkeit. Über die höchsten Geschwindigkeiten verfügen deshalb, in ihren Flugzeugen und Atomraketen, die militärischen Großmächte. Zur Zeit investieren die USA, die Sowjetunion und andere Staaten am meisten Mittel in die Entwicklung der Laser-Waffe. Laser aber bedeutet: Lichtgeschwindigkeit. Der Tag ist nicht mehr fern, da »die absolute Waffe die absolute Geschwindigkeit erreicht haben wird.« (Paul Virilio) Alle Beschleunigungen, die auch das Zivilleben prägen, sind bloß Nebenwirkungen und Begleiterscheinungen dieses *einen* Wettlaufs nach der absoluten Geschwindigkeitswaffe, die über die Vorherrschaft auf unserem Planeten entscheiden soll. Doch welches rationale Denken und Handeln wird der absoluten Geschwindigkeit, die auch absolut geschwinde Entscheidungen verlangen wird, noch gewachsen sein können? Die Antwort kann nur lauten: keines. Mit der absoluten Geschwindigkeitswaffe droht die absolute Gewalt zu triumphieren, die keinen rationalen Diskurs mehr zuläßt.

Was also?

Wir könnten z. B. versuchen, der Gewalt der Geschwindigkeit auf allen Ebenen die entsprechende Gewalt*losigkeit*, nämlich Langsamkeit, ebenfalls auf allen oder auf möglichst vielen Ebenen entgegenzusetzen, indem wir Strategien und Taktiken der Geschwindigkeitsverweigerung aushecken und praktizieren. Dafür sollten wir Berner ja eigentlich besonders begabt sein, käme uns dabei nicht unsere Autoritätsgläubigkeit in die Quere. Vielleicht täten wir gut daran, noch ein wenig beim braven Schwejk in die Lehre zu gehen. Wie auch immer! Robert Walser schrieb schon vor mehr als einem halben Jahrhundert: »Ich bin überzeugt, daß wir viel zu wenig langsam sind.«

Und die Literatur nun? Was ist das Wenige, das sie vermag?

Gewiß, für Bücher sind die Herstellungsprozesse und Umlauffristen ebenfalls enorm beschleunigt worden, dementsprechend sehen die Produkte leider oft aus. Und auch literarische Moden wechseln so rasch wie andere: heute kurz, morgen lang, heute lakonisch, morgen barock, heute engagiert, morgen verinnerlicht. Der Markt will seine Renner und seine Opfer haben.

Dennoch ist, sieht man näher zu, Schreiben eine langsame Arbeit geblieben. Aber auch, wer Bücher liest, unterzieht sich einer Verlangsamung, entwindet sich, zeitweilig wenigstens, dem Diktat und der Gewalt der Geschwindigkeit, entscheidet sich für ein Nach-und-Nach anstatt für jenes faszinierende Alles-aufs-Mal, das uns die Welt der Bilder gauklerisch verspricht. Deshalb bleibt der Leser eine Hoffnung, nicht bloß für die Autoren, sondern für eine Zukunft, die entweder langsamer oder dann überhaupt nicht mehr sein wird. Langsamkeit ist heute zum Synonym für Leben geworden. Als ein Medium der Langsamkeit ist Literatur ihrem Wesen nach Geschwindigkeitsstreik und damit – in Bescheidenheit – Subversion für das Leben.

Langsamkeit ist im übrigen eine auch theologische Tugend der Literatur. Zu den Vollkommenheiten Gottes zählt nicht zuletzt seine lebensfreundliche Langsamkeit. Gott oder die Göttin ist ohne Hast, ohne Beschleunigung und Rasewahn. »Gottes Mühlen mahlen langsam«, wußte man seit jeher, dachte dabei allerdings eher an Strafgerichte, Heimsuchungen. Heute erstrahlt die göttliche Langsamkeit in hoffnungsvollerem Licht. Mitten in den Katastrophen des 20. Jahrhunderts hat der Lyriker Oskar Loerke seine Hoffnung auf den »Langsamen« gesetzt, worunter er Gott verstand.

Als Medium der Langsamkeit widerspiegelt Literatur etwas von der hoffnungsvollen Langsamkeit Gottes.

Passion als Aktion

Und Jesus zog samt seinen Jüngern fort nach den Dörfern bei Cäsarea Philippi. Und auf dem Wege fragte er seine Jünger und sprach zu ihnen: Für wen halten mich die Leute? Da sagten sie zu ihm: Für Johannes den Täufer, andere für Elia, noch andere für einen der Propheten. Und er fragte sie: Ihr aber, für wen haltet ihr mich? Petrus antwortete und sagte zu ihm: »Du bist der Christus.« Und er befahl ihnen streng, sie sollten zu niemandem über ihn reden.
Und er begann, sie zu lehren: Der Menschensohn muß viel leiden und verworfen werden von den Ältesten und den Hohepriestern und den Schriftgelehrten und getötet werden und nach drei Tagen auferstehen. Und er wird in Öffentlichkeit das Wort verkünden. Da nahm ihn Petrus beiseite und fing an, ihm Vorwürfe zu machen. Er aber wandte sich um und sah seine Jünger an, fuhr Petrus an und sprach: Hinweg von mir, Satan!
Denn du sinnst nicht, was göttlich, sondern was menschlich ist.

Markus 8,27–33

Selbst schärfste Kritiker der Kirche und des Christentums machen mit ihrer Kritik Halt vor der Person Jesu von Nazareth. Quer durch Religionen und Ideologien geht eine Art auffälligen Respekts vor diesem Mann.

Solche Hochschätzung hat freilich auch ihre Kehrseite. Auf ihr steht geschrieben: Jawohl, Jesus verkörpert das

Gute wie keiner. Doch leider ist er *zu* gut für diese Welt (wurde er nicht deshalb ans Kreuz geschlagen?). Er ist zwar *das* personifizierte Ideal – aber ein uns unerreichbares Ideal.

So wird Jesus hoch hinauf geschätzt und gerühmt in jene dünne Luft der Vollkommenheit, wo unsereiner nicht mehr atmen und leben kann. Und dort hoch oben leuchtet dieser ideale Jesus als unerreichbares, fremdes, fernes Gestirn, während wir hier unten sitzen in den Niederungen und Holzbänken irdischer Unvollkommenheit.

Was wir jedoch brauchen, ist nicht ein Ideal im Himmel, sondern Veränderung auf Erden.

Und nun sagt Petrus hier zum Mann aus Nazareth: »Du bist der Christus.«

Christus heißt: der Gesalbte. Das ist ein Begriff jüdischer Endzeiterwartung. Die Geschichte Israels kannte eine Salbung von Priestern, Propheten und vor allem: von Königen. Die Salbung eines Königs bei seinem Amtsantritt bestimmte den Gesalbten zum Mandatar Gottes, verwies ihn auf die Verheißung von Gottes Geist und Kraft, berief ihn dazu, nicht Selbst-König, sondern Gottes-König zu werden. Das so konzipierte Königtum degenerierte jedoch mehr und mehr, die Gesalbten versagten und enttäuschten, weil sie sich eher als Selbst-Könige denn als Gottes-Könige verstanden. Die geschichtliche Enttäuschung an seinen Königen erweckte im frommen Teil Israels, zumal nach dem Ende eines selbständigen Königtums, die Hoffnung auf einen neuen, auf DEN Gesalbten, in dem sich die tausendjährige Königshoffnung erfüllen sollte und der kein Versager, kein Selbst-König, sondern Gottes-König im wahren Sinne dieses Wortes sein würde.

Und nun sagt Petrus vom ehemaligen Zimmermann und

jetzigen Wanderprediger Jesus: »Du bist dieser König, du bist der Christus.«

Das heißt: Du bist uns mehr als ein Vorbild idealer Menschlichkeit, das man von weitem bewundert und verehrt. Du bist auch mehr als ein Prophet. Du redest, warnst und lehrst nicht nur – du bist ein König, bist DER König.

Die Aktionen eines Königs sind politische Aktionen. Der Gottes-König, der Christus, ist derjenige, der nicht Menschenpolitik, sondern Gottespolitik macht – Politik also, die unsere Welt von Grund auf verändern will und verändern wird.

Sicher hat Petrus seine eigenen Vorstellungen davon gehabt, auf welche Weise die Welt verändert werden müßte. Jeder von uns hat davon seine eigenen Vorstellungen. Jeder von uns ist ein kleiner Weltverbesserer und glaubt genau zu wissen, was getan werden müßte. So mag auch Petrus bereits einen Aktionsplan für den Christus-König im Kopf gehabt haben.

Wie ein Blitz schlägt in diese möglichen und menschlichen Aktions- und Weltverbesserungspläne die Mitteilung Jesu ein: »Der Menschensohn muß viel leiden und verworfen werden von den Ältesten und den Hohenpriestern und den Schriftgelehrten und getötet werden und nach drei Tagen auferstehen. Und er wird in Öffentlichkeit das Wort verkünden.«

Die nächste *Aktion* des Gottes-Königs ist *Passion!* Ist das Gegenteil all dessen, was Petrus (und nicht nur er!) vom Christus erwartet. Statt Triumph wird Verfolgung in Aussicht gestellt, statt Machtergreifung Verhaftung und Verwerfung, statt Sieg Tod – das alles zwar mit dem Hinweis auf eine Auferstehung nach drei Tagen. Aber das ist für Petrus kein Trost, ist für ihn wohl auch unvorstellbar.

Bestürzt nimmt er Jesus beiseite und »fing an, ihm Vorwürfe zu machen«.

Diese Vorwürfe sind bis heute nicht verstummt. Bis heute begreifen wir nur schwer, daß und weshalb die entscheidendste Aktion Jesu, des Christus, die Passion gewesen sein soll. Bis heute geht es uns schwer ein, daß Leiden und gewaltloses Sich-töten-Lassen überhaupt als eine Form von Aktion, von Kampf und sogar Sieg angesprochen werden kann. Das ist so ganz anders als unsere üblichen Wertungen und Maßstäbe – so anders wie Gottes Politik eben anders ist als Menschenpolitik, wie Gottes Herrschaft anders ist als menschliche Herrschaftsformen.

Jüngst erzählte mir ein Ehepaar über seine Beobachtungen und Erlebnisse in Polen. »Wenn es irgendwo echten, leidenschaftlichen Christusglauben gibt, dann heute in Polen.« So wußten sie zu berichten und gaben auch gleich die Erklärung für diesen Befund: »Der Glaube ist dort so mächtig, weil er äußerlich sehr ohnmächtig ist.«

Sollte es also doch stimmen: daß es keine stärkere Aktion gibt als Ohnmacht und Passion? Daß Gott durch nichts die Welt so radikal zu verändern vermag als durch die Ohnmacht und das gewaltlose Opfer des Glaubens?

Tatsächlich: Die Botschaft von der Passion als Aktion, von der königlichen Erhöhung gerade des Gekreuzigten (so im Johannes-Evangelium), hat allen Widerstand und Unglauben bis dahin unterlaufen. Diese Botschaft war und ist nicht umzubringen. Der Grund dafür ist nach dem Evangelium der, daß der Träger dieser Botschaft nicht mehr umzubringen ist. Er, Jesus, der am dritten Tag von den Toten Erweckte, steht hinter dieser Botschaft. Er ist auferweckt worden, weil Gott sich zu ihm und zu seiner Botschaft, somit auch zu seiner Art der Weltveränderung bekannt hat. Deshalb wird sein Wort weiterverkündet. ER selber verkündet es, wie hier angesagt, »in Öffentlichkeit«. Er verkündet es durch seine Zeugen unter den Augen atheistischer und pseudochristlicher Gewalttäter und Gewaltmächte. Wie wehrlos und machtlos dieses Wort auch sein mag: es ist nicht umzubringen, weil ER nicht umzubringen ist. Und dieses Faktum zeigt an, daß keine Macht und Gewalt der Welt auf die Dauer der Machtlosigkeit des Wortes Gottes gewachsen sein wird. Darum kündet Jesus auch jenen Tag an, da es offenbar werden wird, daß SEINE Passion der Sieg ist, der die Welt verändern wird. In der kommenden Herrschaft Gottes sitzt das zur Schlachtbank geführte Lamm (Jesaja 53,7) mit Gott zusammen auf dem Königsthron (Offenbarung 22,3), ist DER Verdammte dieser Erde zum Lebensfürsten geworden.

Für uns, die wir solcher Weltveränderung, solcher Zukunft bewußt entgegenleben wollen, heißt das: wir müssen umdenken, umlernen. Wir müssen unserem Unglauben, der sich immer neu als Aberglaube an die Gewalt, als Furcht vor der Gewaltlosigkeit und Passion manifestiert, den Abschied geben. Wir müssen uns an die von Jesus proklamierte Herrschaftsform, an das Passionskönigtum des Gottes-Königs gewöhnen. Solche Gewöhnung ist Einübung im Glauben, daß Gott unsere Welt durch die nackte Gewaltlosigkeit seines Wortes und seines Sohnes richten und aufrichten wird.

Eine schöne Tat

Nach zwei Tagen aber war das Fest des Passa und der ungesäuerten Brote. Und die Hohenpriester und die Schriftgelehrten trachteten darnach, wie sie ihn mit List festnehmen und töten könnten. Sie sagten nämlich: Nicht am Fest, damit es keinen Aufruhr im Volk gibt!

Und als er in Bethanien war, im Hause Simons des Aussätzigen, kam, während er bei Tische lag, eine Frau, die trug ein Alabastergefäß voll echter, teurer Nardensalbe. Sie zerbrach das Alabastergefäß und goß sie ihm über das Haupt. Da murrten etliche bei sich selbst: Wozu ist diese Vergeudung der Salbe geschehen? Man hätte diese Salbe für mehr als zweihundert Denare verkaufen und (den Erlös) den Armen geben können. Und sie fuhren sie an. Jesus aber sprach: Lasset sie! Was betrübt ihr sie? Sie hat eine schöne Tat an mir getan. Die Armen habt ihr allezeit bei euch, und sooft ihr wollt, könnt ihr ihnen wohltun. Mich aber habt ihr nicht allezeit. Was sie konnte, hat sie getan; sie nahm vorweg, meinen Leib zum Begräbnis zu salben. Wahrlich, ich sage euch: wo immer das Evangelium verkündet wird in der ganzen Welt, da wird auch das, was sie getan hat, erzählt werden zu ihrem Gedenken.

Und Judas Ischarioth, jener eine von den Zwölfen, ging fort zu den Hohenpriestern, um ihn an sie zu verraten. Sie aber freuten sich, als sie es hörten, und versprachen, ihm Geld zu geben. Und er trachtete darnach, wie er ihn bei guter Gelegenheit verriete. *Markus 14,1–11*

Man soll, wir wissen es, Gutes tun.
Man kann aber auch Schönes tun.

»Sie hat eine schöne Tat an mir getan«, sagt Jesus von der Frau, die ihn mit »echter, teurer« Nardensalbe salbte.

Gute Taten geben dem Leben Sinn.

Schöne Taten geben dem Leben Glanz.

Noch einmal strahlt das Leben Jesu auf im Glanz einer schönen Tat. Noch einmal, während sich rings die Unheilswolken zusammenziehen.

Unser Bericht von der »schönen Tat« der Unbekannten wird eingeleitet durch die Nachricht, daß Hohepriester und Schriftgelehrte darüber verhandeln, wie sie Jesus »mit List festnehmen und töten könnten«. Und zum Schluß wird erzählt, Judas Ischarioth, »jener eine«, sei fortgegangen zu den Hohenpriestern, »um ihn an sie zu verraten. Sie aber freuten sich, als sie es hörten, und versprachen, ihm Geld zu geben. Und er trachtete darnach, wie er ihn bei guter Gelegenheit verriete«.

Todesbeschluß und Verrat sind der schwarze Rahmen, in dem die schöne Tat der Frau jetzt um so heller aufleuchtet und einen besonders intensiven Glanz auf Jesus wirft.

Über die Frau wissen wir nichts, als was hier steht. Und hier steht vor allem etwas über den Inhalt ihres Gefäßes: Nardensalbe, im Wert von etwa 300 Denaren oder rund 500 Franken. Eine horrende Summe! Die Frau scheint schon eher eine Dame zu sein, offenbar gewöhnt an die teuren Parfums der oberen Zehntausend, gewöhnt, der eigenen Erscheinung Glanz und Duft zu verleihen. Die eher bäuerlichen Jünger rümpfen die Nase über das Luxuspflänzlein und seine Verschwendermanieren.

Doch diesmal braucht die Frau, die eine Dame ist, ihre teure Salbe nicht, um der eigenen Erscheinung Glanz zu geben. Sie verschwendet den 500fränkigen Glanz und Duft an Jesus.

Nun: Man hat sich oder andere damals oft für besonders festliche Gelegenheiten gesalbt – doch niemals während des Essens, sondern vorher. Und dann gehörte es sich, zumal in dörflichen Verhältnissen (und wir sind ja im Dorfe Bethanien), keineswegs, war vielmehr verpönt, daß eine Frau mitten in eine Männergesellschaft tritt. Was die Frau hier tut, durchbricht also die Grenzen der Sitte und die Schranken dörflicher Verhältnisse.

Ausleger haben deshalb vermutet, es müsse sich um eine Frau nicht aus Bethanien, sondern aus der Stadt Jerusalem gehandelt haben, um eine Dame aus jenen oberen Kreisen der städtischen Gesellschaft, in denen sich Frauen sehr frei und ungezwungen, auch unter Männern, bewegten. Wir hätten in diesem Falle eine emanzipierte Frau vor uns, die sich nicht an das zu halten brauchte, was in einfachen Kreisen als »schicklich« galt, sondern die gewohnt war, sich frei und unkonventionell zu benehmen. Und mir scheint, es ist gut, bei Jesus plötzlich eine emanzipierte Frau zu finden und ihn von ihr – gerade von ihr! – sagen zu hören: »Wahrlich, ich sage euch: wo immer das Evangelium verkündet wird in der ganzen Welt, da wird auch das, was sie getan hat, erzählt werden zu ihrem Gedenken.«

Dabei ist, was die Frau tut, unbeholfen bis peinlich. Man muß sich nur deutlich vorstellen: einen so unversehens begossenen, nach Salbe überaus duftenden Jesus! Die Szene könnte komisch sein. Der Begossene könnte unwirsch, zornig reagieren. Jesus bleibt von vollkommener Geistesgegenwart. Es ist die Gegenwart des Heiligen Geistes, der ihm das seltsam undurchsichtige Benehmen der Frau transparent macht.

Wie die Jünger »murren« über die Verschwendung und nicht nur die brave Ansicht äußern, die Nardensalbe wäre besser verkauft und die 500 Franken den Armen gespendet worden, sondern die Frau auch noch anfahren, macht sich Jesus zum Anwalt der Frau: »Die Armen habt ihr allezeit bei euch, und sooft ihr wollt, könnt ihr ihnen wohltun. Mich aber habt ihr nicht allezeit. Was sie konnte, hat sie getan; sie nahm vorweg, meinen Leib zum Begräbnis zu salben.«

Wohlverstanden: das ist die Deutung, die *Jesus* dem Auftritt der Dame gibt. Diese selbst hat vielleicht nicht so weit, nicht an die Vorwegnahme einer Salbung des Leichnams gedacht. Oder etwa doch?

Wenn die Dame aus den oberen Kreisen Jerusalems stammt – sind das nicht die gleichen Kreise, die, wie wir hörten, jetzt darüber beraten, wie sie Jesus »mit List festnehmen und töten könnten«? Sollte die Frau am Ende wissen, was geplant wurde? Sollte sie sich aus der Stadt weggestohlen haben, um noch irgend etwas für den zum Tode Bestimmten zu tun – ganz unbeholfen, ganz spontan? Wobei ihr nichts als ein Gefäß mit teurer Nardensalbe mitzunehmen einfiel?

Wir hätten in dieser Frau dann sozusagen das Gegenstück zu Judas Ischarioth. Judas ging von Jesus »fort zu den Hohenpriestern, um ihn an sie zu verraten«. Die Frau dagegen geht aus dem Kreis der Hohenpriester und Schriftgelehrten fort zu Jesus. Judas glaubt nicht mehr, daß Jesus der Christus sei. Die Frau jedoch scheint, wenn nicht zu glauben, so doch zu ahnen, daß er der Christus sei.

Christus heißt wörtlich: der Gesalbte. Die Salbung besagte bei den alttestamentlichen Königen und Propheten: von Gott mit dem Geiste Gottes gesalbt, d. h. beschenkt werden. Solche Salbung durch *Gott* wurde vergegenwärtigt in der sichtbaren Salbung mit Öl.

Bis jetzt ist Jesus nie sichtbar gesalbt worden. Erst hier, erst kurz vor der Kreuzigung, wird die Salbung des Gesalbten nachgeholt, auf unkonventionelle Weise, durch eine unkonventionelle, anonyme Frau. Falls die Frau wußte, was Jesus bevorstand, wollte sie vielleicht mit ihrer »schönen Tat« bezeugen: auch wenn sie dich töten werden – für mich *bist* du der Christus (der Gesalbte)!

Und selbst, wenn die Frau das alles nicht so bewußt gedacht und getan hat: ihre spontane Handlung bekommt jetzt genau diesen Sinn, diesen Stellenwert.

Als Gesalbter, als Christus, geht Jesus jetzt seiner Verhaftung, seinem Tod entgegen. Gesalbt nicht durch Priester oder König, auch nicht durch seine Jünger, sondern durch diese anonyme, emanzipierte Weltdame! Was für eine Verheißung leuchtet hier auf: die Welt bricht in die Kirche ein, um Jesus zum Christus, zu ihrem Messias zu salben! Die *Welt* tut es!

Uns in der Kirche müßte das nachdenklich machen. Wir arbeiten viel in der Kirche, arbeiten sozial, arbeiten mit und an der Bibel, es geschehen viele gute Taten. Aber wie steht es mit den freien, spontanen, »schönen« Taten? Erst die »schöne Tat« setzt den guten Taten die Krone auf, den letzten Glanz. Erst die »schöne Tat«, die sich absichtslos, ungeplant verschwendet, erhebt Jesus aus einem Lehrer und Vorbild zum Christus, zum Gesalbten, zum Geliebten. Wo sind unsere »schönen« Taten?

Ich las einmal, ich glaube bei Heinrich Böll, den Satz:

»Wir sollten Gott trösten.« Ein seltsamer Satz! Aber vielleicht trifft er, was hier die Frau mit ihrer Salbung wollte. Gott ist unter uns der Verlassene, Einsame, Verworfene. Nach wie vor steht unsere Welt im Zeichen der Gottesverwerfung, im Zeichen des Kreuzes. »Wir sollten Gott trösten« das will vielleicht heißen: wir sollten etwas für ihn tun, was von uns nicht verlangt und erwartet wird. Wir sollten vielleicht mit ihm reden, auch wenn wir nicht gerade etwas von ihm zu erbitten haben. Wir sollten und könnten ihn loben, auch ohne besonderen Grund und Anlaß. Wir könnten ihm einen Gedanken, einen Seufzer, ein Lächeln widmen auch einfach so, wenn *ER* uns einfällt, außerhalb von Kirche und stillem Kämmerlein: unterwegs, im Auto, bei der Arbeit, in der Turnstunde, mitten in einer hitzigen Diskussion über das Juraproblem.

Was wir *so* tun, ohne daß es von uns verlangt oder erwartet wird, das Spontane, Überraschende, das keineswegs zum Pflichtpensum gehört – *das* gibt unserem eigenen Leben Glanz, *darin* kommt Gott selber zum Leuchten. Wie hier: in der »schönen Tat« der Frau in Bethanien.

Eine Hoffnung, die sein muß, ist keine mehr

Die Angst ersäuft die Hoffnung

Sören Kierkegaard, der Tagebuchschreiber, notierte einmal, die Hoffnung, die die Menschen hätten, sei »eigentlich eine vegetative Gesundheit, keine Bestimmung des Geistes.«

Die »vegetative«, so hat sich gezeigt, ist in unseren Breiten auch eine ökonomische Gesundheit. Ohne Hochkonjunktur wäre die 68er Studentenbewegung mit ihrem Reichtum an utopischen Entwürfen kaum denkbar gewesen. Die Machtergreifung der Phantasie konnte nur verkünden, wer – im Gefolge Herbert Marcuses – des Wachstums wirtschaftlicher Prosperität ziemlich sicher war und nach Studienabschluß mit einer seiner Ausbildung entsprechenden Anstellung rechnen durfte. Skeptischer waren die Arbeiter, gewitzt durch die Erfahrungen ihrer Klasse.

Auch die zeitweilig denn doch überraschend breite Rezeption der Bloch'schen Hoffnungsphilosophie, bis tief in die Theologie hinein: war sie, soweit diese Rezeption eine bürgerliche blieb, nicht insgeheim euphorisch beflügelt von der noch florierenden Wirtschaft?

Alles verweht, verflogen.

Die Jugendunruhen der achtziger Jahre standen im Zeichen der Hoffnungslosigkeit, »no future« anstatt Utopien. Die Hoffnung ist verkommen zu Platitüden in den Mündern Reagans, Thatchers, Kohls, Bothas & Co. Der Rest ist Rüstung, Hunger, Waldsterben, Arbeitslosigkeit, weltweit untermalt von den TV-Millionärsepen »Dallas« und »Denver«.

Angesichts von so viel reaktionärem Hoffnungszynismus verkröche man sich am liebsten in einen dunklen Winkel, um Gott, den Unbegreiflichen, anzuflehen, dem beklemmenden Spuk ein Ende zu setzen. Doch wie das? Horrende Überrüstung erpreßt uns, erpreßt am Ende auch Gott. Gerade die Dauerdrohung mit dem Overkill soll Veränderungen verhindern und die bestehenden Macht- und Besitzverhältnisse langfristig garantieren. Vor allem die Dritte Welt soll eingeschüchtert und daran gehindert werden, ihre Rechte einzufordern und sich gegen ihre Auspowerung und Aushungerung durch eine unerbittliche Wirtschaftspolitik zu erheben.

Ist das die Situation?

Es könnte sie sein, wer weiß.

»Die Hoffnung ersäuft die Angst«, schrieb Ernst Bloch. Viele erfahren es heute umgekehrt: Die Angst ersäuft die Hoffnung. Resignation, Après-nous-le-déluge-Mentalität (»konsumiere jetzt, bezahle später«), Drogen, Selbstmorde, wachsende Indifferenz gegenüber wachsender Repression und Kontrolle.

Nach der Hoffnung

Vermutlich haben wir es uns mit der Hoffnung zu leichtgemacht. Vermutlich war sie – in unseren Breiten! – tatsächlich eine konjunkturelle Erscheinung, der schöne Traum Gutgenährter, der Optimismus, den sich leisten kann, wer Arbeit, Sicherheit und Bankkonto hat.

Dieser zu billigen Hoffnung entsprach theologisch die Verdrängung des Gerichts. Wir vergaßen, daß – biblisch – der Weg in die verheißene Zukunft keine Autobahn ist, eher ein Pfad mit Unterbrüchen, Abbrüchen, Unfällen, Entbehrungen, durch viel Wüste immer wieder, mit Tanz um goldene Kälber, mit schrecklichen Strafgerichten. Im Alten Testament ist das so rauh, so unzimperlich beschrieben, daß manche diesen größeren Teil der Bibel am liebsten doch endlich über Bord geworfen hätten. Und all diese Propheten, schwer zu begreifen und exaltiert oft: zittern vor dem Gericht, das sie selber ankünden, oder flehen es herbei – aus Hoffnung! Stets diese Verbindung eben: Hoffnung UND Gericht, Gericht UND Hoffnung! Wir aber wollten nur die Hoffnung, nicht das Gericht, zumal dieses zum geschwätzigen Repertoire der Fundamentalisten, zur Erpressungsrhetorik suggestiver Erweckungs-Primadonnen zu gehören schien.

Jetzt trauern wir verwelkter Hoffnung nach und starren auf die Finsternis, die droht, auf das atomare oder ökologische Ende.

Nein, es ist nicht lustig. Als wir frohgemut noch Utopien entwickelten, war's lustiger, wenn auch vielleicht nur, weil wir noch nicht realisierten, was doch schon damals passierte und im Gang war.

Nicht einmal das Wort »apokalyptisch« ist mehr zu gebrauchen. Apokalypse bedeutet immerhin ja »Enthüllung, Offenbarung«. Doch die jetzt mögliche Vernichtung der Menschheit, des Lebens auf der Erde, wäre nicht »apokalyptisch«, weil sie nichts offenbaren würde. Mit sämtlichen Vergangenheiten, Gegenwarten und Zukünften würde vielmehr jede Offenbarung, auch jede schon geschehene, für immer ausgelöscht und annihiliert.

Wie kann man unter solchen Umständen noch einen klaren Kopf behalten? Ist's überhaupt wünschenswert, einen klaren Kopf zu haben? Täte man nicht besser daran, sich mit Untergangslust, mit Religionsdrogen, mit Nirwana-Euphorie zu beduseln?

Trotzdem ist »theologische Existenz heute« ein Versuch, Klarheit im Nebelgewoge der Götter- und Menschendämmerung zu finden. Etwas wie Auflehnung ist dabei: wenn schon der Große Dusel zur ultima irratio führen sollte, möchte ich damit nicht insgeheim auch noch einverstanden und Religionsdrogen-Dealer gewesen sein. Fast verwundert lese ich an diesem Auflehnungsreflex ab, wie stark mich die Theologie eben doch geprägt hat – nicht allein im Kopf, sondern ebenso, wie man heutzutage zu sagen pflegt, im Bauch.

Ein erstes Schrittchen, um den Kopf theologisch zu durchlüften und zu klären, könnte vielleicht bereits die Einsicht sein, daß wir uns die Sache mit der Hoffnung zu leichtgemacht haben.

Das Gericht, das keines ist

Ein zweiter Klärungsschritt könnte die dezidierte Feststellung sein, daß der Overkill, falls er entfesselt werden sollte, kein Gericht sein wird.

Was dann?

Er wäre als irreversibles Ende des Menschen ebenso das Ende der Offenbarung, damit auch dasjenige des Offenbarers. Sein Wort, in Jesus, dem Christus, selber Mensch geworden, verlöre seine Adressaten, damit seinen Sinn. Der Offenbarer hörte auf, ein solcher zu sein.

Und was das Gericht betrifft: es ist sinnvoll, solange es erlebbar bleibt und als erlebtes zur Umkehr führt. Wo niemand mehr lebt, endet die Erlebbarkeit, Umkehr wird zum leeren Wort.

Ich halte deshalb die Verkündigung, daß der Atomkrieg ein Gottesgericht sein wird, für eine Irrlehre und Blasphemie. Die zungenfertigen, oft auch erstaunlich geschäftstüchtigen Prediger eines atomaren Armageddon sind weiter nichts als Hofprediger der nordamerikanischen Hegemonialstrategie. Oder Religionsdrogen-Dealer. Wie man sie auch nennen mag: das, was sie von Gott behaupten, hat dieser nun wahrhaftig nicht verdient, wenn er wirklich der Gott und der Vater Jesu Christi ist.

Widerstand gegen den atomaren Holocaust ist somit nicht Widerstand gegen Gottes Gericht, sondern Widerstand für Gottes Schöpfung und Kampf dafür, daß Gottes Offenbarung in Jesus Christus wahr und wirksam bleiben kann, als Hoffnung und als Gericht, das Umkehr bewirkt.

Hoffnung, aber gegen uns

Ein weiterer Klärungsschritt wäre wahrscheinlich die Erkenntnis, daß es leidenschaftliche und auch christliche Hoffnung sehr wohl gibt in der Welt, daß sie sich jedoch gegen uns richtet, auf ein Gericht über uns hofft.

Oder worauf sonst könnten verelendete, hungernde Massen in der Dritten Welt heute noch hoffen als auf den Zusammenbruch einer Weltwirtschaftsordnung, die uns immer größere Profite und sie immer mehr an den Bettelstab bringt? Darum werfen sie uns vor, auf den atomaren Holocaust fixiert zu sein und den Hungerholocaust, der bei ihnen längst im Gange ist, nicht zur Kenntnis zu nehmen. Auch der Ost-West-Konflikt ist ihnen egal. Die Fleischrationen, deretwegen die Polen revoltierten, kämen ihnen fast schon schlaraffisch vor. Auch entdecken Lateinamerikas Basis-Christen den Widerspruch zwischen dem Evangelium und dem Wirtschaftsgebaren der Erste-Welt-Christen. Wird ihnen Johannes Paul II., im Verein mit

Weißem Haus, diese Entdeckung wieder ausreden können?

Identifikationstext vieler Dritte-Welt-Christen ist stets wieder die biblische Erzählung von den Hebräern im Sklavendienste Ägyptens, die Exodusgeschichte. Auch wenn es uns nicht behagt: uns sehen sie dabei in der Rolle Pharaos, mindestens in derjenigen von Günstlingen an Pharaos Hof. Gott aber ist mit den Hebräern, nicht mit Pharao. Fürchten wir die Hoffnung der heutigen Hebräer, weil deren Erfüllung uns zum Gericht werden würde? Fürchten wir uns insgeheim sogar vor uns selber und vor der Möglichkeit, daß wir dem Verlust unserer Vormachtstellung und unseres Lebensstandards – dem Gericht also – am Ende vielleicht doch noch den atomaren Holocaust vorziehen würden? Hoffen wir, das alles durch ein bißchen Entwicklungshilfe verhindern zu können?

Wiederum: Ist das unsere Situation?

Es könnte sie sein, wenn auch nur unter einem Aspekt. Hiezu käme die anschwellende ökologische Katastrophe.

Hoffnung mit Furcht und Zittern

Weil der Hunger jetzt tötet und der atomare Aufmarsch noch weit entfernt von ihnen geschieht, neigen die Völker und Christen der Dritten Welt zur Bagatellisierung der Gefahr. Schlimmstenfalls, hört man manche von ihnen sagen, wird ein Atomkrieg die nördlichen Machtzentren der Weltwirtschaft zerschlagen und Gottes Gericht über diese sich eben so vollziehen.

Wer theologisch einen klaren Kopf zu behalten versucht, muß demgegenüber darauf hinweisen, daß hier mit größter Wahrscheinlichkeit der Wunsch der Vater illusionärer Gedanken ist. Ein Atomkrieg, einmal entfesselt und bald wohl auch eskalierend, würde nicht nur das Ende der nördlichen Wirtschaftsmetropolen, er würde, wie wissenschaftlich erarbeitete Szenarios ausgemalt haben, das Ende fast aller Völker, das Ende der Lebensmöglichkeiten auch auf der südlichen Halbkugel und damit das Ende aller Zukunft und aller Hoffnung bedeuten. Und dieses Ende wäre, weil es jedes vergangene und zukünftige Heil auslöschte, nicht ein Gericht Gottes, sondern der heillose Triumph des Nihilismus.

Die Verhinderung des atomaren Holocausts muß somit erste Priorität haben (um diese unschöne, aber gängig gewordene Tautologie zu gebrauchen). Das Leben auf der Erde muß, um der geschehenen Offenbarung und des zukünftigen Heils willen, bewahrt werden. Daß das Kommen dieses zukünftigen Heils die jetzt bestehenden Machtverhältnisse umbrechen, umpflügen wird, mag uns, die bisher Privilegierten, mit Furcht erfüllen, ist aber vergleichsweise ein zweitrangiges Problem. Wichtig ist allein, daß auf diese Weise Zukunft und Hoffnung weiterhin möglich und offen bleiben – wenn für uns auch, nochmals nach Kierkegaard formuliert, mit Furcht und Zittern.

Wenigstens nicht einverstanden gewesen sein

Ob der atomare Holocaust tatsächlich verhindert werden kann, wissen wir nicht. Ob die ökologische Katastrophe aufgehalten werden kann, bleibt ungewiß. Ich versuche, keine Illusionen zu nähren, zu vieles rechtfertigt Hoffnungslosigkeit. Weil es auch verdammt schwierig ist, zwischen Hoffnung und Illusion und ebenso zwischen Hoffnungslosigkeit und Illusionslosigkeit zu unterscheiden –

bei mir und bei anderen! – spreche, schreibe ich ungern von, über, gegen die Hoffnung. Eine Hoffnung, die sein muß, ist schon keine mehr. Ebenso droht Hoffnungslosigkeit zur Attitüde zu werden.

Anstatt über Hoffnung zu philosophieren oder zu theologisieren, sage ich meinen Refrain: Wenn die Welt tatsächlich zuschanden gemacht werden wird, will ich damit wenigstens nicht insgeheim auch noch einverstanden und dabei möglichst kein Komplize gewesen sein. Das ist das Mindeste, ist aber, wenn sich daraus eine konkrete Lebens- und Handlungsweise ergibt, auch das Beste, was ich mir vornehmen kann, ein Bekenntnis meines Glaubens an Gott den Schöpfer, der in Christus Geschöpf geworden ist.

Wenigstens nicht einverstanden gewesen sein: das ist nicht zuletzt ein Ausdruck meines Dankes für dieses Leben.

Hoffnung?

Ich bleibe – mit Furcht und Zittern – gespannt. Diese Spannung ist der Impuls meines Handelns, sie erhält mich trotz allem und vorläufig lebendig. Ich bin gespannt, ob und wie Gott auf den Generalangriff gegen ihn reagieren wird. Ich wäre nicht verwundert, wenn er SEINE Hoffnung auf uns aufgegeben hätte. Aber auch das weiß man nicht. Der Gott, den die Bibel bezeugt, war noch immer für Überraschungen gut. Ich kann wirklich nur gespannt sein. Im Hebräischen des Alten Testaments bedeutet Hoffnung, hoffen, eben dies: gespannt sein wie ein gespanntes Seil, wie ein gespannter Muskel oder Nerv.

Anmerkungen

Die Verweise auf die Bibel beziehen sich in der Regel auf die Zürcher Bibelübertragung.

Menschen und Tiere, Verantwortung, nicht Raubbau sind einer Serie von acht Predigten zur Schöpfungsgeschichte entnommen. Die jeweilige Bibelpassage ist der Predigt vorangestellt.

Passion als Aktion, Eine schöne Tat ist Kurt Martis Predigtzyklus zum Markus-Evangelium entnommen. Der Bibeltext ist der Predigt vorangestellt.

Quellenverzeichnis

Kurt Marti, »Eine Hoffnung, die sein muß, ist keine mehr« aus: Thomas Krobath/Dieter Olaf Schmalstieg/Max J. Suda (Hrsg.), BEFREIUNG IN ZWÄNGEN. Für Kurt Lüthi; Verlag für Gesellschaftskritik G.m.b.H., Wien 1986

Kurt Marti, »Passion als Aktion«; »Eine schöne Tat« aus: Kurt Marti, DAS MARKUS EVANGELIUM, ausgelegt für die Gemeinde; Jordan-Verlag, Zürich 1985

Kurt Marti, »Trauer, unverdrängt«: »Gefühl oder Sentimentalität«; »Wohin mit meiner Wut« aus: Kurt Marti, LACHEN WEINEN LIEBEN. Ermutigungen zum Leben; Stuttgart 1985: Radius-Verlag

Kurt Marti, »Menschen und Tiere«; »Verantwortung, nicht Raubbau« aus: Kurt Marti, SCHÖPFUNGSGLAUBE. Die Ökologie Gottes; Stuttgart 1983: Radius-Verlag

Kurt Marti, »Warum ich Christ bin« aus: Kurt Marti, O GOTT. Essays und Meditationen; Stutgart 1986: Radius-Verlag

Kurt Marti, »Nachdenken über Jahwe«, »Widerspruch für Gott und Menschen«; »Der Gott, der in allen mächtig werden will«; »Der Traum vom Frieden« aus: Kurt Marti, WIDERSPRUCH FÜR GOTT UND MENSCHEN; Sammlung Kerle Band 5, 1982

Wir danken den Verlagen für die Abdruckgenehmigung.

Kurt Marti

im Luchterhand Literaturverlag

Kurt Marti
Leichenreden
SL 235
»Der Berner Pfarrer Kurt Marti ärgert sich offenkundig über das notwendig zwanghafte Ritual der Leichenfeiern, der Nekrologe und Trauerreden. Da er ein Moralist ist, der auf Worte achtet, also im weitesten Sinne ein Poet, hat er Leichenreden auf neue Art konzipiert.« *Süddeutsche Zeitung*

Zärtlichkeit und Schmerz
Notizen. SL 337
Religiöse Vorstellungen wurzeln im Unbewußten. Zwischen ihnen und unserem privaten oder sozialen Verhalten gibt es mehr Wechselwirkungen, als Gläubigen oder Ungläubigen lieb sein mag.

Bürgerliche Geschichten
156 Seiten. Gebunden
Auch als SL 461

Dorfgeschichten
Erzählungen
SL 487. Originalausgabe

Ruhe und Ordnung
Aufzeichnungen
Abschweifungen 1980–1983
SL 641. Originalausgabe
Studenten wollen von Kurt Marti wissen, welches »Menschenbild seiner Arbeit zugrunde liegt«. Aber wie antworten? Marti beginnt mit dem, worüber er am besten Bescheid weiß: mit seinen persönlichen Erfahrungen und Erlebnissen. Aus dieser Konfrontation mit der eigenen Lebensgeschichte ist dieses Tagebuch, sein zweites nach *Zum Beispiel Bern* (1972), entstanden.

Abendland
Gedichte. 100 Seiten. Broschur

Mein barfüßig Lob
Gedichte. 80 Seiten. Broschur

Nachtgeschichten
128 Seiten. Broschur

Der Gottesplanet
Aufsätze und Predigten
SL 693

Schweizer Autoren

im Luchterhand Literaturverlag

Eine Auswahl

Peter Bichsel
Kindergeschichten
Sonderausgabe. 78 Seiten. Geb.
Auch als SL 144

Schulmeistereien
197 Seiten. Gebunden
Auch als SL 697

Irgendwo anderswo
Kolumnen 1980–1985
SL 669. Originalausgabe

Der Busant
Von Trinkern, Polizisten und der schönen Magelone
138 Seiten. Leinen.
Auch als SL 781
»Man hört ihn fast reden beim Lesen: leise, bedächtig und ein wenig näselnd. Es ist schön, ihm zuzuhören.« *Die Weltwoche, Zürich*

Esther Fischer-Homberger
Krankheit Frau
Hinweise zur Geschichte der Einbildungen
Mit zahlreichen Abb. SL 498

Medizin vor Gericht
Zur Sozialgeschichte der Gerichtsmedizin
Mit zahlreichen Abb. SL 797

Geschichten aus der Geschichte der Deutschschweiz nach 1945
Hg. von Rolf Niederhauser und Martin Zingg
SL 454. Originalausgabe

Rolf Niederhauser
Alles Gute
Fußnoten zum Lauf der Dinge
1980–1985
SL 694. Originalausgabe

Franz Hohler
Das Kabarettbuch
Mit zahlreichen Szenenfotos
296 Seiten. Gebunden
Franz Hohler gehört innerhalb und außerhalb der Schweiz zu den renommiertesten Kabarettisten. Dieser großformatige Band enthält alle wichtigen Programme und Nummern, die Sketche, die er mit Hanns Dieter Hüsch aufgeführt hat, Chansontexte und seine Beiträge fürs Fernsehen.

Schweizer Autoren

im Luchterhand Literaturverlag

Eine Auswahl

Rahel Hutmacher
Tochter
SL 779
»In 48 knappen Abschnitten fächert sich die ständig wechselnde Problematik wohl jeder Mutter-Tochter-Beziehung von der Geburt des Kindes bis zu seiner Ablösung, bis zur Selbständigwerdung auf ... Je enger die Verbindung zweier Menschen ist, um so tiefer erleben sie den ganzen Himmel, die ganze Hölle ihrer Bezogenheit. Das wahrhaft poetisch zur Sprache gebracht zu haben ist Rahel Hutmacher eindrücklich gelungen.«
Bücherpick, Bern

Wildleute
168 Seiten. Leinen

Adelheid Duvanel
Anna und ich
Erzählungen. 106 Seiten. Geb.
Auch als SL 662
Ausgezeichnet mit dem »Kranichsteiner Literaturpreis« 1984.

Das verschwundene Haus
88 Seiten. Gebunden
Die Gestalten dieses neuen Kurzromanes sind wahrhafte Helden, allerdings von einer herausfordernd unauffälligen Sorte.
»Der Versuchung, sie zu den ganz großen Autorinnen unserer Zeit zu zählen, sei schamlos nachgegeben.« *Dieter Fringeli*

Rolf Niederhauser
Nada oder Die Frage eines Augenblicks
Roman. 280 Seiten. Gebunden
Ein Mann, 33, Architekt, lebt nach der Trennung von seiner Frau mit seiner fünfjährigen Tochter allein. Rückblickend rekonstruiert er nicht nur, was gewesen ist, sondern ebenso, was vielleicht nur seinetwegen nie hat Wirklichkeit werden können.
Er sieht sich selbst durch die Augen dieses Kindes, und er registriert, wie die wache, fordernde Gegenwart Nadas ihn an seine Grenzen führt, an die Grenzen seiner Person, seiner Lebensmöglichkeiten und Lebensfähigkeit.